海洋生态经济系统可持续发展评价与适应性管理研究

陈东景 著

科学出版社
北京

内 容 简 介

本书从新视角对海洋生态经济系统的可持续发展与适应性管理问题进行交叉学科的研究。在介绍三元相图方法的基础上，探讨该方法在海洋生态经济系统可持续发展管理研究中的适用性与优点；建立海洋生态经济系统可持续发展相图评价模型和适应性管理模型，并以山东半岛蓝色经济区为典型案例进行研究；最后提出实现海洋生态经济系统可持续发展的适应性管理对策建议。

本书适合从事生态经济、资源经济、可持续发展评价与管理等专业的科研人员、教师与研究生参考阅读。

图书在版编目（CIP）数据

海洋生态经济系统可持续发展评价与适应性管理研究 / 陈东景著. —北京：科学出版社，2020.12
ISBN 978-7-03-065976-7

Ⅰ. ①海… Ⅱ. ①陈… Ⅲ. ①海洋经济学-生态经济学-可持续性发展-研究-中国 Ⅳ. ①P74

中国版本图书馆 CIP 数据核字（2020）第 166180 号

责任编辑：魏如萍 / 责任校对：严 娜
责任印制：张 伟 / 封面设计：无极书装

科学出版社 出版
北京东黄城根北街 16 号
邮政编码：100717
http://www.sciencep.com

北京盛通商印快线网络科技有限公司 印刷
科学出版社发行 各地新华书店经销

*

2020 年 12 月第 一 版 开本：720×1000 B5
2020 年 12 月第一次印刷 印张：11
字数：220000
定价：128.00 元
（如有印装质量问题，我社负责调换）

前　言

21世纪是海洋的世纪。随着陆域资源、生态环境和发展空间等硬性约束凸显，以及人民对美好生活需要的日益增长，海洋成为我们越来越重视的生存和发展空间。我国主张管辖的海洋面积辽阔，自然资源丰富。科学开发海洋资源，大力发展海洋经济是新时代实现沿海地区社会经济又好又快发展的重要任务，也是实现海洋经济更高质量、更有效率、更加公平、更可持续地发展，建设海洋强国的必由之路。在注重发展蓝色经济，追求人海和谐的过程中，从管理科学、生态经济学和可持续发展经济学的角度出发，研究海洋生态经济系统运行状态是否朝着可持续发展的方向演变，如何实现海洋生态经济系统的适应性管理是一个非常重要的科学研究任务。

本书对海洋生态经济系统的可持续发展与适应性管理问题进行交叉学科的研究，探讨三元相图方法在海洋生态经济系统可持续发展管理研究中的适用性与优点；建立海洋生态经济系统可持续发展相图评价模型和适应性管理模型并进行案例研究；最后提出实现海洋生态经济系统可持续发展的适应性管理体系与保障制度。

本书主要应用能值分析法、三元相图方法、压力—状态—响应适应性管理评价方法及障碍度测度方法对海洋生态经济系统的可持续发展状态与适应性管理水平进行研究，并以山东半岛蓝色经济区为研究区，运用所建立的模型对其海洋生态经济系统进行可持续发展评价。主要研究结论如下。

第一，海洋生态经济系统内各种物质、能量、信息、劳动力和价值的合理时空组合及其合理流动的外在表现就是该系统实现了良好的生态经济功能。这些功能可以被分为生态再生产、经济再生产和社会再生产。海洋生态系统再生产的基础性地位越来越脆弱，海洋经济系统再生产的主导作用越来越突出，海洋经济再生产的理性化趋势越来越明显，海洋生态经济系统的主要矛盾越来越凸显。

第二，能值分析法与三元相图相结合的能值相图模型能够更客观地描述系统生产过程与自然环境和经济系统之间在物质、能量、信息、劳动力等方面流动而产生的相互关系，反映在不同的资源开发与利用模式下系统的资源配置比例，深入分析系统可持续发展状况与趋势，进而为决策制定提供形象而直观的参考信息。能值相图不仅使我们能够评估一个既定生产过程的实际状态，而且能够识别出能够被改变的关键参数，以改善整个系统的环境绩效。

第三，运用相图模型对山东省海洋生态经济系统及海洋渔业的可持续发展状况进行评价的结果表明，山东省海洋生态经济系统处于不可持续发展状态，并且可持续发展指数在研究期呈现不断下降的态势；山东省海洋渔业生态经济系统的环境负载率增加，能值产出率、可持续发展能力明显降低。从可持续发展指数看，海水养殖生态系统面临的发展压力明显高于海洋捕捞生态系统面临的发展压力。

第四，海洋生态经济系统适应性管理是针对海洋生态经济系统中的不确定因素展开的识别、监测、评估、应对、调整等一系列行动的反复循环过程，通过不断调整管理模式及优化配置方案来提高海洋生态经济系统的适应能力，促进海洋资源的开发利用不断适应社会、经济、生态环境等各方面协调及可持续发展需要，实现海洋生态经济系统健康及资源管理的可持续性。海洋生态经济系统适应性管理模式的主要要素包括和谐包容性目标、动态监测、绩效考评、效果反馈、方案改进、正向激励等。

第五，根据"压力—状态—响应"思想，选取33个指标构建海洋生态经济系统适应性管理绩效测度模型，以山东省为例的研究结果表明，2006~2015年该省海洋生态经济系统适应性管理水平明显提高，但是压力、状态和响应三个分项的适应性管理度及其变化趋势差异明显。障碍度诊断结果表明，影响海洋生态经济系统适应性管理绩效提升的因素主要来自压力层，即自然因素和人文因素引起海洋生态系统状态改变的外源性因素给生态环境带来的干扰不容忽视。

第六，为了不断提高海洋生态经济系统的适应性管理水平，我们应该建立包含以包容性与适应性规划的目标管理、实现利益相关者的适应性协同管理、以行政区为边界的内部运作环境、公众全面参与的适应性管理平台、以陆海统筹为基础的可持续综合管理的适应性管理体系；推进多目标融合的生态化转型、多规合一与动态调整、多元主体协同参与、责任分担、法治化建设等制度建设。

本书的主要研究特色包括：从新的研究视角深入分析海洋生态经济系统各组成要素之间的相互影响，以及系统的整体演变趋势；从整体性、关联性、和谐性和动态性思维入手，探讨海洋生态经济系统内部协调发展与适应性管理机制；识别影响海洋生态经济系统实现适应性管理的主要因素，提出实现海洋生态经济系统有效管理的对策建议。

陈东景

2019年10月8日

目　　录

第一章　绪论 ·· 1
　第一节　研究背景与意义 ··· 1
　第二节　国内外研究现状及发展动态 ··································· 2
　第三节　研究内容与结构安排 ·· 7
　第四节　研究思路与研究方法 ·· 8

第二章　海洋生态经济系统概述 ·· 11
　第一节　海洋生态经济系统的概念与特征 ························· 11
　第二节　海洋生态经济系统的结构与功能 ························· 14
　第三节　海洋生态经济系统的内部联系 ····························· 25
　第四节　海洋生态经济系统的发展趋势 ····························· 27

第三章　能值相图模型 ··· 33
　第一节　能值理论 ··· 33
　第二节　三元相图及其基本原理 ·· 37
　第三节　三元能值相图模型 ··· 43

第四章　山东省海洋生态经济系统可持续发展能值相图分析 ····· 50
　第一节　海洋能值计算范围界定 ·· 50
　第二节　数据来源与计算方法 ··· 52
　第三节　海洋生态经济系统的能值分析 ····························· 53
　第四节　海洋生态经济能值相图分析 ································· 60

第五章　山东省海洋渔业生态经济系统可持续发展的能值分析 ·· 69
　第一节　山东省海洋渔业的发展现状 ································· 69
　第二节　海洋渔业能值计算方法与数据处理 ····················· 73
　第三节　山东省海洋渔业生态经济系统能值分析 ·············· 78

第六章　山东省海洋渔业生态经济系统能值相图分析 ········· 97
　第一节　海洋渔业生态经济系统能值相图总体描述 ·········· 97
　第二节　资源线分析 ·· 99

第三节　敏感线分析 …………………………………………… 103
　　第四节　可持续性线分析 ………………………………………… 108
　　第五节　山东省海洋渔业生态经济系统未来发展方向预测 …… 109
　　第六节　讨论 ……………………………………………………… 111
第七章　海洋生态经济系统适应性管理模式 …………………………… 112
　　第一节　海洋生态经济系统适应性管理的内涵与特征 ………… 112
　　第二节　适应性管理的主体构成 ………………………………… 117
　　第三节　适应性管理中不确定性因素分析 ……………………… 122
　　第四节　适应性管理模式的管理要素组成 ……………………… 125
　　第五节　海洋生态经济系统适应性管理模式基本框架 ………… 130
第八章　山东省海洋生态经济系统适应性管理水平测度 ……………… 132
　　第一节　理论描述 ………………………………………………… 132
　　第二节　指标选择与模型构建 …………………………………… 133
　　第三节　适应性管理水平计算结果分析 ………………………… 138
　　第四节　适应性管理水平提高的障碍因素诊断 ………………… 141
　　第五节　讨论 ……………………………………………………… 144
第九章　海洋生态经济系统适应性管理体系与制度安排 ……………… 146
　　第一节　海洋生态经济系统适应性管理体系 …………………… 146
　　第二节　海洋生态经济系统适应性管理的制度安排 …………… 150
第十章　结论与展望 ……………………………………………………… 158
　　第一节　结论 ……………………………………………………… 158
　　第二节　展望 ……………………………………………………… 159
参考文献 …………………………………………………………………… 161
后记 ………………………………………………………………………… 168

第一章 绪　　论

第一节　研究背景与意义

海洋既是我国资源开发、经济发展的重要载体，也是我国实现可持续发展的重要战略空间。科学开发海洋资源，大力发展海洋经济，建设海洋强国是沿海地区社会经济发展的一个重大任务[1]。习近平总书记强调的"要进一步关心海洋、认识海洋、经略海洋，推动我国海洋强国建设不断取得新成就"为发展海洋经济进一步明确了远大目标，提出了历史性任务[2]。近些年，随着国家级涉海区域发展规划的密集出台，尤其是山东半岛蓝色经济区、浙江海洋经济发展示范区和广东海洋经济综合试验区等三个以海洋经济为主题的国家级战略规划的相继出台，沿海地区掀起了新一轮的海洋经济发展高潮。

海洋经济的可持续发展离不开海洋提供的各类丰富的自然资源及生态系统服务，海洋生态系统的健康运行也离不开人类对海洋的合理利用和科学保护。实现海洋生态与经济的和谐，促进海洋生态经济系统可持续发展是我们开发海洋的最终目标，也是发展海洋经济的基本要求。在此背景下，从管理科学、生态经济学和可持续发展经济学的角度出发，研究海洋生态经济系统运行状态是否朝着可持续发展的方向演变，如何实现海洋生态经济系统的适应性管理是一个非常重要的科学研究任务。

本书借助三元相图方法进行海洋生态经济系统发展的可持续性评价研究，建立海洋生态经济系统适应性管理框架，从新的视角丰富了海洋管理科学和可持续发展经济学的相关研究方法和理论。借助能值理论和三元相图方法构建的相图模型，对于深入考察海洋生态经济系统的物质、能量等的流动特点、结构变化、配置效应等具有重要作用，这有助于从可持续发展经济学和生态经济学基础理论出发分析海洋生态经济系统发展的可持续性问题。从整体性、动态性等思维入手构建海洋生态经济系统适应性管理模式，将"压力—状态—响应"思想融入海洋生态经济系统适应性管理水平评价方法，在一定程度上丰富了海洋生态经济系统适应性管理理论。

山东省是一个海洋大省，海洋资源丰富，海洋经济发展位居全国前列，但是海洋生态环境保护任务艰巨，海洋生态经济系统实现可持续发展面临比较严峻的形势。因此，选择山东半岛蓝色经济区的典型案例研究，能够为实现山东半岛海洋生态经济系统的可持续发展提供有针对性的对策建议，同时能够为其他沿海地区实现海洋生态经济系统的可持续发展提供经验参考。2018年初，山东省获批的全国首个新旧动能转换综合试验区也需要以实现海洋经济的新旧动能转换作为重要支撑，本书对海洋生态经济系统适应性管理的尝试性研究也能够为之提供一些重要信息。

第二节　国内外研究现状及发展动态

一、海洋生态经济系统可持续发展评价与管理研究

海洋生态经济系统由海洋生态系统和海洋经济系统以人类活动为驱动力，以海洋技术为中间环节复合而成[3]。海洋生态系统各组成要素通过食物链相联系[4]；海洋经济系统内部通过投入产出链相联系[5]；两者耦合而成的海洋生态经济系统的各组成要素则通过"食物链—投入产出链"结合在一起。海洋生态经济系统内部的各种物质流、能量流、信息流和价值流沿着食物链—投入产出链循环和流动，使海洋生态经济系统的特定功能表现出来。但是由于不合理的资源开发、污染物排放和气候变化的间接影响（如海平面上升、风暴潮灾害等），海洋生态经济系统结构遭到严重破坏，原来的平衡状态被打破，生态经济功能不断下降，海洋生态经济系统的协调和可持续发展之路遭遇了越来越严重的阻力[6, 7]。在人们将可持续发展理念逐渐付诸实际行动的过程中，海洋生态经济系统的可持续发展研究也越来越引起研究者和管理者的重视。开展海洋生态经济系统的发展状态评估、发展趋势预测以及如何促进海洋生态经济系统朝可持续发展的方向发展一直是管理学、经济学、地理学和生态学等多学科共同关注的重要问题[8]。目前，该领域主要关注了以下三个热点问题。

（一）生态系统服务价值评估研究

海洋生态系统服务是指由海洋生态系统提供、在生态过程中形成、人类赖以

生存的自然环境条件及其效用，可以直接或间接转变为人类所需要的经济服务和价值，包括供给功能、调节功能、文化功能和支持功能等四大类[9, 10]。生态系统服务的经济价值可以运用多种方法进行评估，其中权变估值法（contingent valuation method）和选择试验法（choice method）等非市场方法发挥了非常重要的作用。Costanza 等在 Nature 上发表的研究结果引起了人们对海洋生态系统服务的广泛关注[11]。他们综合分析了国际上用各种方法对生态系统服务价值的评估结果，最先开展了对全球生物圈生态系统服务价值的估算，计算出世界海洋生态系统服务的价值每年约为 209 490 亿美元，占全球生态系统服务价值的 63%，每平方千米海洋平均给人类提供的生态服务价值大约为 26 207.8 美元。其后，有关海洋生态系统服务的研究始终围绕着方法改进与创新以及实际的海域生态系统服务评价而深入展开。国内外研究者非常关注特定类型海洋生态经济系统（如珊瑚礁、红树林、滨海湿地、滩涂等）及其特定服务功能（如旅游服务、水产品提供、科研研究、灾害调节等）的研究，尤其关注珊瑚礁、红树林、滨海湿地等类型生态系统服务价值及其受损后恢复成本的研究[12-14]。

值得注意的是，国内外学者开展的海洋生态资本与生态补偿方面的研究是对海洋生态系统服务价值评估的深化，并且已经成为一个研究热点[15-19]。服务于我国社会经济发展需要的海洋自然资源资产负债表编制工作也为海洋生态系统服务研究提供了新的研究任务和研究领域[20-22]。

（二）生态经济模型构建与应用

鉴于海洋生态经济系统内在的物质流、能量流、信息流、价值流等要素流动的有机统一性，可持续发展评估必须将海洋生态过程和经济过程有机耦合，将生态的、经济的、社会的以及生物、物理模型整合在可持续发展框架中，从不同的时间和空间尺度入手研究由生态要素和经济要素通过能量、物质、信息等的交流联系而形成的相互作用、相互依赖的海洋生态经济系统整体，定量研究系统的可持续发展状况。研究者在建立生态经济模型评价海洋生态经济系统发展的可持续性时，从复杂大系统的观点出发，将整个海洋生态经济系统分为生态、经济和社会三个子系统，出现了不同角度的可持续发展评价模型：侧重于各了系统相互作用和相互依赖的三支柱（three pillars）评价模型；侧重于资源和环境承载力的三基线（triple bottom line）评价模型；侧重于关注实现可持续性的关键要素的三圈层（three spheres）评价模型[23]。

建立的可持续发展评价模型既有单一指标的，也有综合评价指标体系的。生态足迹分析法和能值分析法在单一指标的评价模型研究中应用非常广泛[24, 25]。生态足迹分析法在研究海洋生态资源供给和消费中具有明显优势，能值分析方法则主要用于分析海洋生态经济系统的自然资源和经济生产要素的投入与经济产出的对比关系。这两种分析方法都是将不同单位的实物转换为同一单位的物理量（全球公顷和太阳能值）后，通过对比海洋生态承载力与海洋生态足迹的大小，或者对比海洋生态经济系统的负载率与产出率的大小，来判断海洋生态经济系统的可持续发展状况。国内外学者运用这两种方法开展海洋生态经济系统可持续发展研究并取得了较多重要成果[26-29]。从系统论的角度建立综合评价指标体系越来越受到重视。Ou 和 Liu 根据经济合作与发展组织（简称经合组织，Organization for Economic Cooperation and Development，OECD）开发的压力—状态—响应（pressure-state-response，PSR）指标体系，建立了一个可持续渔业发展指标体系，对中国台湾贡寮的近海海洋生态经济系统在渔业发展中的状态和受到的影响进行了定量评估[30]；Wielgus 等根据现有的生态和经济信息，在考虑不同利益相关者的基础上构建模型评价海洋禁捕区生态和经济效应，定量分析了西班牙卡门岛近海实现海洋禁捕区生态效益和经济效益的可持续性，研究发现在鱼类产卵区和至少 50%的濒临区停止捕鱼能够实现鱼类资源的可持续利用和最大的经济收益[31]；Marques 等以葡萄牙东南部的一处海洋公园为研究对象，在充分考虑当地各方利益相关者的基础上，从环境、社会经济和制度三个层面选取了 26 个指标建立了一个适应性参与可持续性评价指标体系，定量评价海洋保护区生态经济系统的可持续发展状态，结果表明，考虑包括当地利益相关者的动态参与过程是非常重要的[32]。陈东景等以联合国统计司（United Nations Statistics Division，UNSD）发布的环境经济综合核算体系（the system of integrated environmental and economic accounting，SEEA）为基础，构建了以海洋绿色 GDP（gross domestic product，国内生产总值）为核心指标的我国海洋生态经济系统可持续发展评价体系，案例研究结果表明扣除海洋资源环境成本后的人类经济活动成果下降较多；运用投入产出技术构建的海洋生态经济模型初步分析了我国海洋生态经济系统中的物质和能量流动特点，阐述了经济发展与海洋生态环境和资源的相互关系，模拟了不同政策下的海洋生态资源效应，认为建立科学的海洋生态经济系统管理模式和探索可行的实现途径至关重要[5, 33]。高乐华和高强构建了系统发展状态评价指标体系，验证发现，我国沿海省份海洋生态、经济和社会三个子系统的发展状态存在交互胁迫关系，海洋生态经济系统协调发展多处于"S"形发展机制的拮抗或磨合阶段，可持续发展态势严峻[34]。

（三）生态经济系统可持续发展管理模式和途径研究

认识到海洋在人类社会的发展与和平、生物圈健康维护方面的基础性作用，以及生态经济系统发展过程的不确定性，联合国成立的世界海洋独立委员会（Independent World Commission on the Oceans，IWCO）将适应性管理作为指导实现海洋生态经济系统可持续管理的核心内容之一[35]。其后，海洋生态经济系统适应性管理方面的研究逐渐引起研究者的重视。Antunes 和 Santos 认为海洋生态经济系统管理是一个具有适应性过程的综合环境管理系统，并设计了驱动力—压力—状态—影响四个层面的海洋可持续管理框架[36]；Curtin 和 Prellezo 认为，在基于海洋生态系统的适应性管理评价中，必须将生态系统看成是一个由低层次的行动和过程能够反映出更高层次特点的复杂的适应性系统，并且将人类活动作为这个复杂适应性系统的一个组成部分是非常关键的——这是因为人类驱动力与其引起的压力、状态、影响和响应等过程一起能够导致生态系统的转变[37]。这些认识有助于政策制定者在制定、完善有关政策时考虑所有的利益相关者，赋予管理过程的合法性，最终有助于实现自然资源的可持续开发利用。

鉴于大海洋生态经济系统（large marine ecosystems，LMEs）对沿岸地区甚至对全球生态经济系统产生的巨大影响，全球环境基金（Global Environmental Fund，GEF）等国际组织积极支持以海洋适应性管理为重要模块的大海洋生态经济系统模型研究[38]。澳大利亚将生态系统管理和预防原理都结合进大堡礁海域的鱼类、珊瑚、水质等自然资源适应性管理中，以应对大堡礁生态系统退化的风险，为当地海洋生态经济系统的稳定、可持续发展寻找科学途径[39]。基于新西兰峡湾保护海洋资源的实践经验，Patterson 和 Glavovic 研究发现在海洋生态经济系统面临外部干扰和系统本身具有内部自组织行为特征的条件下，相对于只追求产出的管理模式，适应性管理模式更具有意义和价值[40]。这两个案例在国外海洋生态经济系统适应性管理研究上具有一定的典型性。

我国学者多从综合管理的角度探讨海洋可持续发展管理模式，研究内容和深度都有待拓展[41]。杨金森等较早从生态经济学的角度对海洋生态经济系统的管理模式进行研究，提出了海洋生态环境管理要依据生态经济学的基本理论，采用生态经济管理的方法，形成管理范围区域化、管理内容系统化、管理体制网络化的综合模式[42]。这一综合管理模式在一定程度上体现了人海和谐相处的适应性管理思想。此后，我国海洋适应性管理研究者多从海岸带、海湾、海洋鱼类资源等特定海洋生态经济系统或者特定自然资源开发利用的适应性管理研究切入，提出了基于社会-生态系统的海洋自然资源适应性管理模式[43]，形成了科学的适应性管理机制是应对海湾生态系统复杂性和不确定性的有效机制[44]等观点和研究成果。

二、三元相图方法的应用研究

三元相图是对溶液或合金中三种构成元素共存的平衡状态的图形描述，广泛应用于冶金学和材料学等领域，深入分析各类物质结合形成新的产品及其出现的相应状态与特征[45]。该方法在研究组元的热力学性质与温度、成分等的定量函数关系，评价和预测各种组态可能发生转变的方向和限度，将有关组织变化的极其复杂的现象抽象化、系统化等方面具有不可比拟的优势，因此成为分析组织形成和变化的重要工具。Hofstetter 等首次将三元相图方法引入生态和环境领域，将生物圈中各个因子分为破坏生态系统质量的因子、破坏人类健康的因子和破坏能源资源的因子，然后利用三元相图直观形象地将这三类因子的关系表达出来[46]。其后，Giannetti 等认为三元相图方法在生态经济系统的可持续性研究中，能够更客观地描述系统生产过程与自然环境和经济系统之间的相互关系，反映在不同的资源开发与利用模式下系统的资源配置比例，深入分析系统可持续性进而为决策制定提供形象而直观的科学依据[47]。目前，三元相图方法在生态经济系统的可持续发展评价与管理领域已经引起相关学者的重视[48-51]。

三、国内外研究述评

海洋生态系统服务价值评估研究遵循可持续发展理念，围绕人类开发利用海洋及其对海洋生态系统产生的不良影响而展开。研究成果对于了解海洋生态经济系统内在发展规律及其变化特点与趋势，进而为生态经济系统可持续发展评价奠定了一定的理论基础，提供了丰富的数据资料。

虽然国内外在海洋生态经济系统可持续发展评价模型构建方面取得了较多成果，但是研究成果多是针对现状的事后评价，而对海洋生态经济系统的发展趋势及优化发展方案研究很少涉及。

在对海洋实现适应性管理的探讨中，研究者有一个共同点，即将整个生态经济系统分为生态、经济和社会三个层面，然后设计不同的框架体系对海洋的管理状况进行理论探讨，或进行现状评价，或进行情景模拟，或进行趋势预测。但是，很少考虑海洋生态经济系统发展过程中存在的不确定性特点，因而管理对策的针对性和有效性有待深入分析。

综合国内外海洋生态经济系统可持续发展评价与管理方面的研究文献来看，研究成果越来越注重构建反映系统内部各要素之间关系的生态经济模型，运用定量方法对系统进行整体评价，评价模型也越来越朝着简明但不失代表性的方向发展，并且可持续发展评价的结果为实施可持续管理服务的趋势越来越明显。

海洋生态经济系统的三个子系统恰如三元相图中的三种物质，科学技术和制度就像三元相图中的温度控制因素，在实现整体系统协调、可持续发展的过程中，任何一种物质成分的数量变化和控制因素的变化都会影响整个系统相图的变化。因此，通过定量分析各相元的状态、变化数量、方向和趋势，评价管理方案的优劣更加直观和客观。虽然将三元相图方法运用到可持续发展管理研究领域已经引起国外相关学者的重视[52]，但是这在海洋生态经济系统可持续发展评估方面的研究还未引起足够的重视。在国家日益重视开发海洋，发展海洋经济，建设和谐人海关系和海洋强国的大背景下，开展海洋生态经济系统可持续发展相图评价和适应性管理研究，对于客观了解海洋生态经济系统的发展状况，预测未来的发展趋势，提出科学的适应性管理对策就显得非常重要，并且十分迫切。

第三节 研究内容与结构安排

本书从新视角对海洋生态经济系统的可持续发展与适应性管理问题进行交叉学科的研究，出发点是对三元相图方法进行诠释，探讨该方法在海洋生态经济系统可持续发展管理研究中的适用性与优点；核心是建立海洋生态经济系统可持续发展相图评价模型和适应性管理模型并进行案例研究；落脚点是提出实现海洋生态经济系统可持续发展的适应性管理对策建议。研究内容主要分为以下五部分。

（1）对海洋生态经济系统的认识。阐述了海洋生态经济系统的内涵与特征，结构与功能，物质、能量、信息等各种流的内在联系，分析了海洋生态经济系统的发展趋势。

（2）海洋生态经济系统可持续发展相图评价模型。主要阐述基于能值理论和三元相图理论的能值相图模型的基本框架，资源线、敏感线和可持续性线等分析指标，以及该模型在可控变量变化下考察海洋生态经济系统发展状态的优点。

（3）海洋生态经济系统适应性管理模型。在阐述海洋适应管理模式基础上，根据压力—状态—响应建模思想，建立海洋生态经济系统适应性管理水平测度概念模型，对主要影响因素进行识别。

（4）山东半岛蓝色经济区海洋生态经济系统可持续发展评价。根据（2）中建立的能值相图模型，分析山东半岛蓝色经济区海洋生态经济系统发展可持续性指数及其演变特点与趋势,计算资源使用效率和敏感性指数,评价它们的可持续性状况。鉴于海洋渔业在海洋生态经济系统可持续发展中的重要地位,我们亦运用能值相图模型对山东省的海洋渔业生态经济系统的可持续发展状态进行了评价。

(5)山东半岛蓝色经济区海洋生态经济系统适应性管理。根据(3)中建立的适应性管理模型,对山东省海洋生态经济系统的适应性管理水平进行测度,提出具体的适应性管理措施与建议。

以上研究内容从第二章起共分为九章:第二章从食物链—投入产出链—需求消费链的角度入手,对海洋生态经济系统的再生产功能等进行深入剖析;第三章主要介绍了能值理论和三元相图的元素、结构、特点等基本知识,并解释了能值相图模型应用于海洋生态经济系统可持续发展评价中的资源线、敏感线和可持续性线等概念;第四章运用能值相图模型对山东省海洋生态经济系统的可持续发展状况进行了定量评价;第五章与第六章对山东省海洋渔业生态经济系统的可持续发展状况进行了分析,并对海水养殖系统和海洋捕捞系统的可持续发展状况进行对比分析;第七章阐述了海洋生态经济系统适应性管理的概念、不确定性影响因素和管理组成要素,提出海洋生态经济系统适应性管理基本框架;第八章基于压力—状态—响应思想,构建适应性管理模型对山东省海洋生态经济系统的适应性管理水平进行了测度;第九章就促进海洋生态经济系统可持续发展的适应性管理的管理体系和制度建设等问题进行了探讨;第十章是结论与展望部分。

第四节 研究思路与研究方法

一、研究思路

在对数据资料进行处理和初步统计分析的基础上,建立海洋生态经济系统可持续发展相图评价模型和适应性管理模型,然后以山东半岛蓝色经济区海洋生态经济系统为研究对象进行案例研究,识别影响实现可持续发展的主要因素,提出实现海洋生态经济系统适应性管理的对策建议。具体的研究思路见图1-1。

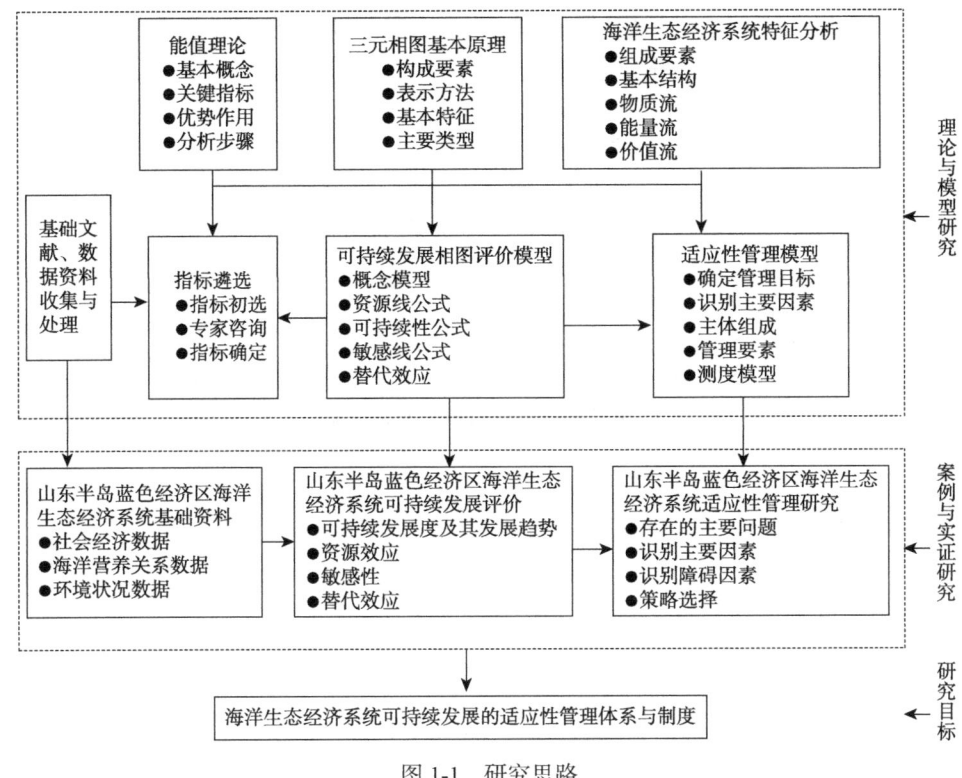

图 1-1 研究思路

二、研究方法

（一）能值相图分析方法

首先，应用能值方法对山东省海洋渔业及整个海洋生态经济系统的可更新自然资源、不可更新自然资源以及经济社会的经济投入和劳动投入等进行核算，考察它们的可持续发展状态；然后，将能值分析结果与三元相图结合，建立能值相图模型对山东省海洋渔业及整个海洋生态经济系统的海洋生态系统、经济系统和社会系统投入对比状况及其发展路径进行分析，深入分析不同投入来源的变化对海洋生态经济系统持续性发展变化趋势的影响。

（二）压力—状态—响应适应性管理评价方法

在阐述适应性管理内涵的基础上，借助压力—状态—响应建模思想，构建包含 33 个指标的海洋生态经济系统适应性管理水平测度模型,并对山东省海洋生态经济系统的适应性管理水平进行评价。

(三)障碍度测度方法

对影响海洋生态经济系统适应性管理水平的主要影响因素进行识别。

(四)案例研究方法

以山东半岛蓝色经济区为研究区,运用所建立的模型对其海洋生态经济系统进行可持续发展评价并提出该系统的适应性管理对策建议。

第二章 海洋生态经济系统概述

第一节 海洋生态经济系统的概念与特征

一、概念

海洋生态经济系统是由海洋生态子系统、海洋经济子系统以及海洋社会子系统耦合而成的具有一定结构和功能的跨越时空尺度、持续变动的复杂的有机整体。海洋生态子系统包括海洋自然资源与环境,由海洋生物资源、矿产资源、油气资源、海水资源以及海洋空间资源等要素组成,各要素通过物质循环和能量流动形成一个相互联系的具有一定自我调节能力的有机整体;海洋经济子系统由海洋生产力系统和海洋生产关系系统两部分组成,是一个具有一定的生产结构、流通结构、分配结构、消费结构和一定的所有制结构的人工系统;海洋社会子系统则是以人为核心,由依靠海洋资源从事海洋生产经营活动的人和他们在生产生活过程中创造的海洋文化、教育体系、海洋科技体系以及海洋法律制度体系等要素组成。各子系统之间相互依存、相互制约,海洋生态子系统为海洋经济子系统和海洋社会子系统提供了丰富的自然资源,同时海洋自然资源的有限性也对海洋经济社会系统对海洋自然资源的无限需求产生了越来越明显的硬性约束;海洋经济子系统和海洋社会子系统为海洋生态子系统持续提供物质保障和劳力、智力支持,同时快速发展的海洋经济对海洋资源的不合理利用以及对海洋环境造成的污染也制约着海洋生态子系统的可持续发展[53]。

二、特征

作为一个具有一定结构和功能的有机整体,海洋生态经济系统具备以下五个基本特点。

（一）普遍性

不管是在人类出现以前的自然生态系统，还是逐渐被人类控制的具有一定干预程度的半自然生态系统，以及人口稠密的近海地区人工形成的由生态系统、经济系统和社会系统复合而成的生态经济社会复合系统，海洋生态经济系统在地球表层具有存在的普遍性。

（二）整体性

海洋生态经济系统的三个子系统相互依存、融为一体。在这个有机整体中，海洋生态系统是整个系统的基础，为海洋经济系统和社会系统的运转提供各种自然资源，形成了生态经济社会复合系统中不断增殖的生态资本。其物质循环中的生物个体循环、生态系统范围中的循环形成了营养物质小循环，生产出各种海洋生物资源；包含这两个循环的海洋作为生物地球化学大循环的重要组成部分，为经济系统和社会系统提供海水资源、海域资源、各种海洋生物资源和矿物资源。

经济系统对整个海洋生态经济系统的变化起着越来越大的主导作用。随着科学技术的飞速发展，社会生产力的持续提高，人类明显改变了海洋生态系统的生命系统和环境系统的构成与布局，耗用大量海洋自然资源和生态系统服务。海洋生态系统在生产、流通、分配和消费中为社会系统提供产品和服务，创造良好的物质条件，同时越来越多的各种污染物质排入海洋生态系统。这些污染物产生的不良影响甚至足以改变海洋生态系统和社会系统的本来面貌。例如，海洋沙漠化就是一个不能忽视的现象。

社会系统的完善与否，是人类建立和发展的海洋生态经济系统能否稳定和安全运转的关键。它直接关系到人口再生产能否正常运行，关系到是否临近或者超过海洋的人口承载力极限，关系到人均资源、人均财富的多寡与时空差异，关系到社会公平、社会治安和社会文明的发展程度，关系到海洋生态文明建设的进程等。总之，它关系到能否实现"人海和谐"的局面。

（三）多样性

海洋生态系统、海洋经济系统和海洋社会系统本身各自具有多样性，三者耦合而成的生态经济复合系统也具有多样性。海洋生态经济系统在其具体模式上的多样性表现在以下四个方面。

1. 在区域构成上所表现出的生态经济系统的多样性

在区域分布上，有海岸带生态经济系统、近海生态经济系统和远海生态经济系统及大洋生态经济系统之分；在生态类型分布上，可分为珊瑚礁生态经济系统、红树林生态经济系统、滨海湿地生态经济系统、三角洲生态经济社会复合系统等；在地貌类型上，可以分为河口生态经济系统、海湾生态经济系统等；在人工参与程度上，可以分为养殖生态经济系统、放流增殖生态经济系统、自然生态经济系统等；在空间垂直分布上，可以分为表层生态经济系统、中层生态经济系统、底层生态经济系统、海底生态经济系统等。

2. 在产业构成上所表现出的生态经济系统的多样性

由于不同产业是基于开发与利用不同的海洋资源生态系统而形成的生态经济社会三系统的复合体，不同劳力与智力的人类劳动和不同的资源生态系统的长期结合就形成了不同的产业生态经济社会复合系统，如海洋渔业、海洋采矿业、海洋交通运输业、海水利用业、滨海旅游业生态经济社会复合系统等。

3. 在文化构成上所表现出的生态经济系统的多样性

人类信仰、宗教、精神和生活方式等知识要素起源于大海，与海洋生物产生了千丝万缕的联系。不同地区的人们长期生存在不同的海洋生态环境之中，节日、饮食、婚姻、经济等习惯大不相同，具有不同的社会和经济结构，从而形成了各具特色的海洋文化生态经济社会复合系统。

4. 在行政区划上所体现的生态经济系统的多样性

在可持续发展思想普遍被接受，国家和沿海各级地方政府因地制宜地积极实施可持续发展战略，沿海不同行政区就是不同的海洋生态经济系统。沿海地区和海岛上的任何一个自然村或行政村，任何一个沿海的乡镇、县、市和省（自治区、直辖市），都是一个海洋生态经济系统。实际上，中国就是一个具有典型意义的海洋生态经济大系统。目前经济全球化、交通通信和信息的全球化以及联合国等国际组织等外部因素的作用，增强了以行政区为边界的海洋生态经济系统的多样性和复杂性，使整个地球表层的海洋生态圈、海洋经济圈和海洋社会圈早已耦合成了一个完整的海洋生态经济社会圈，它是地球表层最大的海洋生态经济大系统。

（四）连续性

人的生产和生活创造了生态、经济和社会环境，反过来，生态、经济和社会环境也影响着人的生产和生活。当代人所遇到的海洋生态状况、经济状况和社会状况，都是之前的人们留给他们的这些方面的状况的持续；当代人治理海洋生态环境、发展经济和改善社会体系的状况又要对其子孙后代的生产、生活和生态状况产生深远的影响。这种生态经济系统循时发展的连续性特点，就要求每一代人在发展社会经济和治理生态环境时，都要既考虑当代人的眼前利益，又要着眼于子孙后代的长远利益，即把眼前利益和长远利益结合起来，统筹兼顾。

（五）复杂适应性

以物质循环和能量流动为基本功能的海洋生态经济系统的生态系统食物链（网）—经济系统投入产出链（网）—社会系统需求消费链（网）是典型的网状结构。这种网状结构及系统内部重要的关联过程在很大程度上决定了海洋生态经济系统的复杂性。海洋生态经济系统在开放环境下，与大气、陆地间进行广泛的物质和能量交换，通过内部活动正反馈强化外部驱动因子的影响，进而提高了它的复杂性。

适应性是指系统对外界某个（组）驱动因素的适应性行为特征。海洋生态经济系统的复杂网络结构在受到外界影响时，它必须做出相应的反应。不管这种反应引起的变化是否被我们所觉察，海洋生态经济系统在相对较短的时间尺度内必须适应人类活动产生的干扰。海洋生态经济系统的复杂性有助于提高其适应性；适应性也是海洋生态经济系统成为复杂系统的一个关键要素。

海洋生态经济系统的运行过程，实质上就是人类有目的地开发利用海洋生态系统和海洋自然资源的过程，是使各要素实现合理资源配置、科学利用的过程。这个过程也是一个复杂的适应过程：生态系统在一定承受范围内吸收人类经济活动的干扰，将所表现出来的健康运行状况反馈给人们，促使人们对自己的经济活动目的、范围、强度、速度等做出适度的调整，以保障海洋生态经济系统的和谐共生，这是一个海洋生态系统和经济社会系统相互适应的过程。

第二节　海洋生态经济系统的结构与功能

一、海洋生态经济系统的结构

（一）组成要素

海洋生态经济系统的组成要素众多。海洋生态系统可以分为生命系统和资源环境系统；海洋经济系统可以分为生产力系统和生产关系系统；海洋社会系统可以分为人口再生产系统和社会文明系统。其组成如图 2-1 所示。

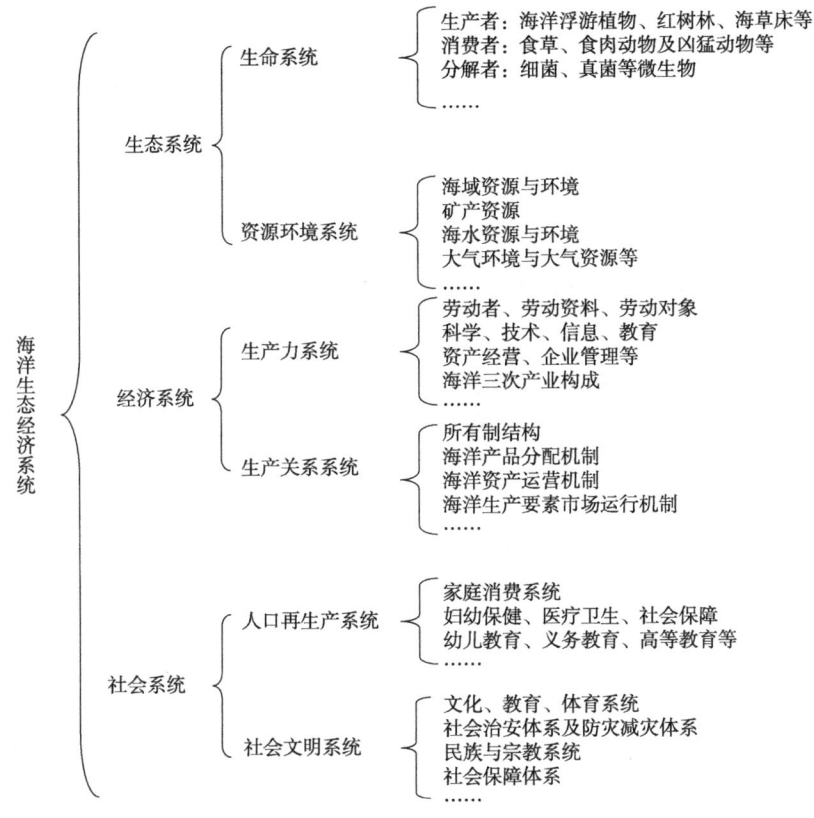

图 2-1　海洋生态经济系统的要素构成

（二）组合方式

各构成要素通过一定的连接和组合方式组合起来，形成一个有机统一的海洋生态经济系统。在生态系统内部，物质循环、能量流动、信息传递沿着食物链（网）运行；在经济系统内部，经济活动以从生态系统获得的资源和生产资料、从社会系统获得的劳动力、从其内部获得的经济资产等要素为基础，开展生产活动，生产出符合人们需要的产品，这种生产活动实质上就是一个投入产出链（网）结构；社会系统基于本身的需求，从生态系统和经济系统获得各种产品和服务，供自己消费，这个过程也形成了社会系统的需求消费链（网）。也就是说，海洋生态经济系统各要素通过食物链（网）—投入产出（链）网—需求消费链（网）组合成链（网）状结构。这种链（网）状结构反映出生态经济系统的多样性、复杂性、开放性、稳定性、抗干扰性和适应性。海洋生态经济系统基本的链（网）状结构可以归纳为以下几类。

第一，以生物圈的海洋生态系统各种生物资源为基础的食物链（网）—投入产出链（网）—需求消费链（网）。这是海洋生态经济系统链（网）状结构的重要组成部分。这一结构组合的资源起点是处于生态系统食物链（网）不同环节上的各种植物（生产者）、动物（消费者）和微生物（分解者）。这些生物经过从事第一产业（主要为海洋渔业）的劳动者从各种不同的海洋生态系统中加以采掘或捕获，进入经济系统进行各种不同类型的水产品的粗加工和深加工，然后进入社会系统成为人类需求消费链（网）上需要的各种生活和生产消费品，主要满足人类日益增长的对海洋食品等方面的社会需要。这一复杂的网络组合结构最终为社会系统中人口再生产提供了重要的物质基础。

第二，以海底岩石圈的矿物能源和海洋可再生能源为基础的食物链（网）—投入产出链（网）—需求消费链（网）。这一网状结构的资源起点是海底岩石圈中的各种矿物能源（石油、天然气、煤炭、可燃冰等）和海洋可再生能源。海底矿物能源都是地质年代自然生态系统食物链（网）上的各级生物参与生物地球化学大循环的产物，现在通过经济系统中采掘业的各种人类劳动加以采掘和深加工，生产出汽油、柴油、电力、煤气、天然气等各种生产生活能源，化肥和乙烯等各种工农业原料等，最终产品进入社会系统，满足人类的衣食住行等，促进人类社会的不断发展。海洋可再生能源包括海洋潮汐能、潮流能、波浪能、温差能、盐差能、生物质能和海岛可再生能源等[54]。在开发技术逐渐成熟，经济成本越来越低的情况下，丰富的海洋可再生能源也逐渐通过经济系统的生产活动转换为以电能为主的二次能源，进入人们的生产生活，推动经济社会的绿色低碳发展。

第三，以海底岩石圈的金属和非金属等资源为基础的食物链（网）—投入产出链（网）—需求消费链（网）。这一网状结构的资源起点是海洋中的各种金属和非金属矿物。海洋是巨大的金属和非金属资源库。各种金属和非金属矿物经过人类的采掘，进入经济系统进行深加工，为发展建筑业、机电工业、化学工业和新材料工业等提供了材料基础，并催生了一批高新技术产业。形态和性质发生变化的金属和非金属产品成为人类社会发展的重要物质基础。

第四，以水圈的海水资源为基础的食物链（网）—投入产出链（网）—需求消费链（网）。地球水圈中占绝对大比例的海水资源进入经济系统，为发展海洋交通运输业、旅游业、海水淡化业、可再生能源业、晒盐业等行业提供了基础资源，这些行业的产品对于满足人类社会的消费需求是不可或缺的。

第五，以土壤岩石圈的海洋滩涂资源为基础的食物链（网）—投入产出链（网）—需求消费链（网）。海洋滩涂系指大潮时，高潮线以下，低潮线以上的，亦海亦陆的特殊地带。滩涂不仅是一种重要的土地资源和空间资源，其本身也蕴藏着各种矿产、生物及其他海洋资源，是开发海洋、发展海洋产业的一笔宝贵财富。滩涂可以开辟为盐田，是发展盐化工原料基地的好场所；可以围海造地，增加耕地面积；可以养殖扇贝、牡蛎、蚶、蛤等贝类及海带等，发展滩涂水产养殖业；也可以填筑滩涂，解决沿海城市、交通及工业用地问题。随着人们对海洋的影响越来越强烈，对滩涂的开发利用方式也从以往的种植业、养殖业、盐业等用地发展到港口、临港工业、开发区、城市建设等工业用地和城市建设用地。不论是利用海水进行晒盐和进行水产养殖，还是填滩造地，生产的产品和服务都通过食物链（网）—投入产出链（网）进入社会需求消费链（网），不断满足人们的各种衣食住行需要。

第六，以海洋自然和人文景观资源为基础的食物链（网）—投入产出链（网）—需求消费链（网）。我国海洋自然和人文景观资源种类多样，总量丰富，是发展海洋旅游业的基础资源。以这类资源为起点的食物链（网）—投入产出链（网）—需求消费链（网）表现出消费的非消耗性和重复利用性，在利用其经济价值的过程中，极大程度地满足了人们精神文化的需要。

第七，以海洋生态圈的信息和信息材料资源为基础的食物链（网）—投入产出链（网）—需求消费链（网）。海洋是一个巨大的信息资源库。自然海洋信息主要表现在环境资源之间、各生物资源之间以及各生物和环境资源的相互运动之间。随着科学技术的发展，海洋生态系统中的信息资源不断被开发利用。海洋信息收集、生产、传播和消费形成的附有人工信息烙印的海洋信息产业在满足人们的教育、文化、科技等方面的需求方面具有不可替代的作用。

（三）时空组合

1. 空间组合

海洋生态经济社会诸要素的空间组合，是指海洋生态经济社会诸要素在构成生态经济复合系统时在地域空间上的分布及其关联状态[53]。这种空间组合是否合理，直接制约着诸要素间的生态经济社会联系是否合理，这将影响到整个系统的功能实现状况，进而影响到整个系统的可持续发展状态。

在食物链（网）—投入产出链（网）—需求消费链（网）的网状结构中，海洋生态经济系统各要素的空间分布深刻地打上了人类社会的烙印。烙印的一个主要特征是人类对海洋生态系统进行的活动，随之而来的是产生的影响（并且这些影响很多都是负面的和消极的影响）。为了应对已经产生的影响或者预防某些影响的产生，决策者很可能通过制定环境、财政、税收、劳动、产业等方面的政策或制度来参与生态经济系统的网络结构的改造。只要人类调整生态经济社会复合系统运行的制度或政策要素在空间组合上同各种物质要素的空间组合相协调,就能够有利于各个区域同步的可持续发展,有利于生态经济社会复合系统的空间分布趋于合理。海洋生态经济系统的要素空间组合是一个自上而下,由宏观管理到微观执行的复杂大系统(图2-2),市场经济的资源配置调节功能在微观执行中能否得以有效发挥,对实现海洋生态经济系统诸要素合理的空间组合至关重要。

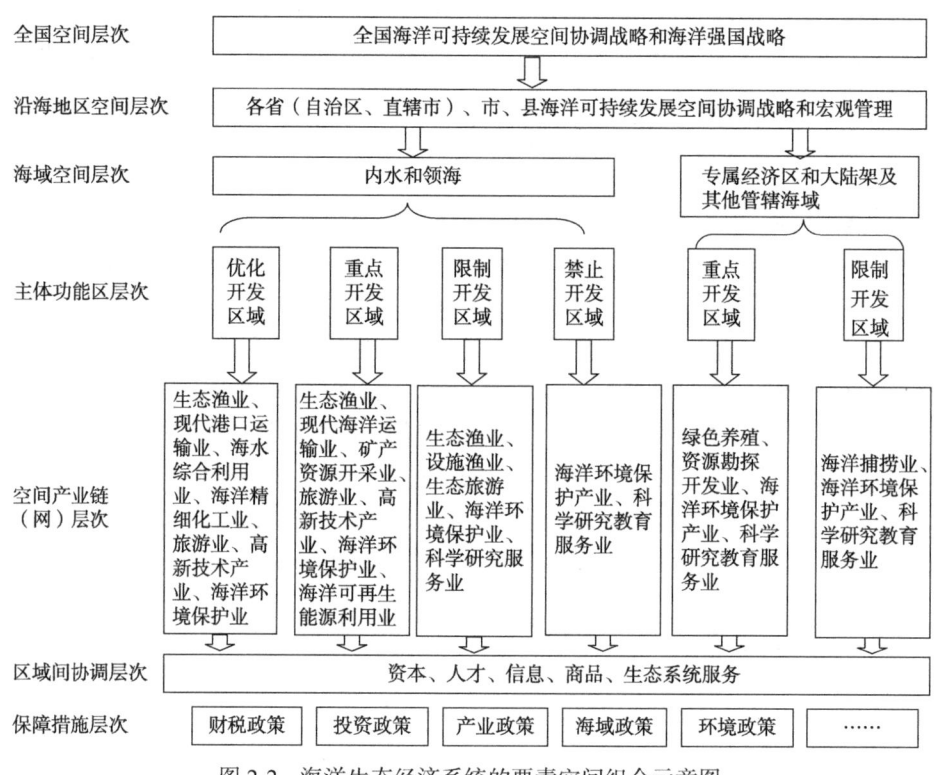

图 2-2 海洋生态经济系统的要素空间组合示意图

2. 时间组合

生态经济诸要素的时间组合,是指生态经济系统诸要素在构成生态经济复合系统时,各要素的时间分布状态和在时间组合上的关联状态[55]。与诸要素的空间分布状态类似,诸要素的时间分布状态和在时间组合上的关联状态对海洋生态经济系统是否能够实现可持续发展有着重大影响。这是因为,海洋生态经济系统所具有的整体性特征和循时发展的连续性特征,要求系统内各要素要具有合理的保持有机联系的时序组合,以使得整个系统中的每一要素不仅能够发挥各自的最大效用,而且能够为其他要素充分发挥效用提供时序条件,在时间上为整个系统发挥良好的整体功能提供有利条件，最终促进整个系统的可持续发展。

海洋生态经济系统诸要素在时间组合上主要表现为以下几种形式。

第一，每一条食物链（网）—投入产出链（网）—需求消费链（网）在连续运行中都需要有合理的时间组合，以保证每一条组合链（网）各个环节都能连续高效地运行，产生最佳的综合效益。

第二，多条生态经济社会诸要素组合链（网）之间在运行过程中要有合理的时间组合，特别是经济系统各条投入产出链（网）的发展要素在时序上要同海洋生态系统的各种资源和环境的承受能力的发展相适应，同社会系统的人口再生产各环节相适应。

第三，生态经济社会各要素在时间组合上同各种海洋自然资源的合理利用和保护相协调，以使各种自然资源既能为当代人所利用，又能为子孙后代的经济社会发展提供必要的自然资源供给条件。

第四，人口的再生产各环节同资源、环境、经济、社会的发展有合理的时序组合关系，以使沿海地区人口的数量保持在生态系统的资源与环境可承受程度之内，同时不断提高劳动者的各种素质，为海洋生态经济系统提供更有保障的劳动力，并将失业率控制在经济系统和社会系统可承受范围之内。

第五，在海洋经济系统各个产业链发展中，发展生产与治理污染在时序上要有合理的组合，并使沿海城乡社会系统的发展与生活污染物的治理同步。同时从陆海统筹的角度还要特别关注海洋生态经济系统主要的陆源污染物的排放入海控制与治理问题。

第六，海洋产业结构的转型升级同海洋经济系统所依赖的主要资源（如海洋渔业资源、海砂、煤炭、石油、天然气、金属矿藏等）的可采储量或更新量变化相同步，以保证经济系统和社会系统发展的可持续性。

第七，海洋科学技术发展、各个层次海洋人才的培养与海洋生态经济诸要素的发展有合理的时间组合，以使科技进步同经济社会生态可持续发展相同步。

总之，海洋生态经济系统诸要素合理的时空组合体现了其内在的良好时空配置状况，这有利于系统保持良好的物质、能量、信息、人和价值的合理健康流动。从另一个方面来说，海洋生态经济系统发展过程中出现的诸多问题本质上是系统中诸要素配置错位，在不该出现的地方、不该出现的时间，以不合适的速度，在不正确的方向上促使物质、能量、信息、人和价值非合理、非健康地流动，所产生的问题长久积累而显现后才引起人们的广泛关注和重视。因此，在全国上下大力实施新旧动能转换，推动高质量发展的背景下，海洋生态经济系统各要素的合理时空组合对更好地发挥海洋生态经济系统的各项功能，实现海洋高质量发展至关重要。

二、海洋生态经济系统的功能

海洋生态经济系统内各种物质、能量、信息、人和价值的合理时空组合及其合理流动的外在表现就是该系统实现了良好的生态经济功能。这些功能可以被分为生态再生产、经济再生产和社会再生产。这三个方面的功能是由相互联系、相互影响、相互制约、相互促进的生态系统、经济系统和社会系统来分别实现的。

（一）生态系统的生态再生产功能

生态系统在经济系统和社会系统的影响下，承担的生态再生产包括自然资源的再生产和环境再生产，这是经济系统和社会系统的物质基础和生命支撑。

在一般意义上，海洋自然资源再生产是指可再生的海洋生物资源和可循环利用的海洋环境资源的再生，不包括在人类的经济再生产和人口再生产周期中难以实现再生产的不可再生的矿产资源的再生。受经济系统和社会系统的作用和影响，现实中的海洋生态系统在很大程度上深刻地打上了人类活动的烙印。这使得海洋生态系统中的很多自然资源的再生产成为人类有目的投入劳动和物化劳动的产物。海水养殖系统中各种水产资源的再生产就是一个非常典型的例子。

海洋环境质量的再生产是指，保证海洋生态系统中生物成分以及经济系统和社会系统中的经济活动和生活能够正常运行的海洋生态系统的水质、沉积物和生物体残毒状态再生产。如果经济再生产和人口再生产过程中所排放的各种污染物使水环境质量恶化到人类和各种海洋生物难以生产的境地，如不适宜海洋生物生存而出现海洋荒漠化、不适宜养殖和游泳、海洋生物体内重金属积累过高等，正常的经济再生产和人口再生产就会受到不利影响。我国近海地区频繁爆发的赤潮和浒苔灾害、海洋渔业产量下降和低品质化现象，是我国海洋环境质量下降的突出表现。

从另一个角度讲，海洋生态环境再生产在很大意义上就是生态系统服务再生产。随着人类对海洋生态系统认识的逐渐加深，海洋生态系统服务的内涵也在不断延伸。根据联合国千年生态系统评估（millenium ecosystem assessment）项目的研究结果，可将海洋生态系统提供的服务归纳为 4 大类 15 项[56]：①支持服务，包括初级生产、物质循环、物种多样性维持、生境提供；②供给服务，包括食品生产、原料供给、基因资源提供；③调节服务，包括气候调节、气体调节、废弃物处理、生物控制、干扰调节；④文化服务，包括休闲娱乐、精神文化、教育科研等。海洋生态系统的各类服务再生产途径如图 2-3 所示。

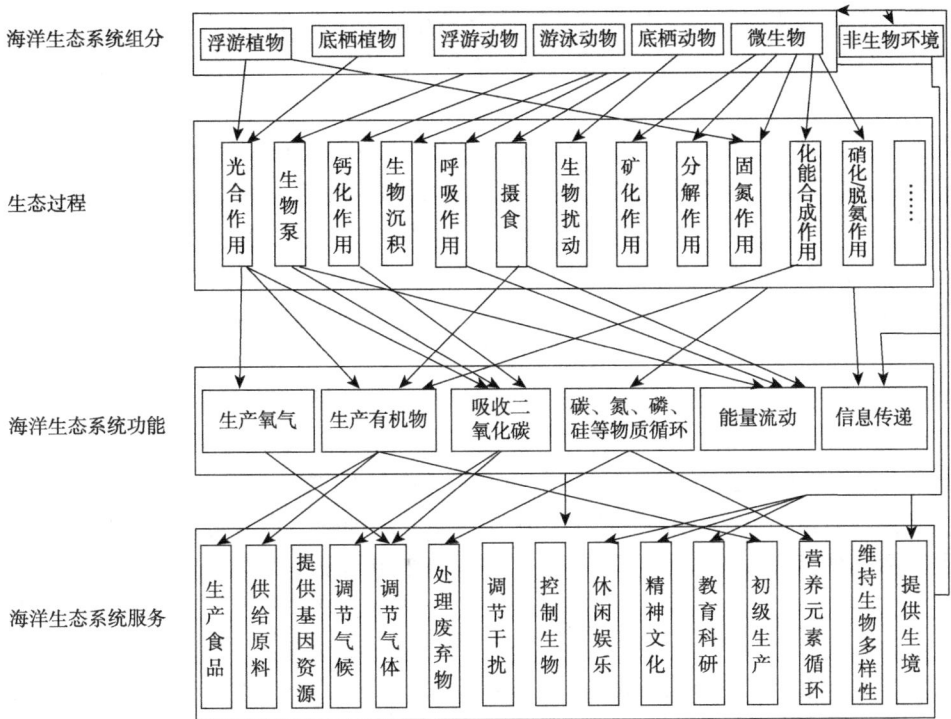

图 2-3 海洋生态系统服务功能再生产的途径示意图

根据文献[57]、[58]整理,有修改

由图 2-3 可以看出,海洋生态系统服务的再产生有两个主要途径:第一,生物组分和系统整体直接提供给人类的休闲娱乐、精神文化、教育科研和生境提供等服务;第二,通过系统内生物组分自身及其与周围环境之间相互作用的生理生态过程产生的海洋生态系统功能,再由这些系统功能生产出相应的服务。

(二)经济系统的经济再生产功能

经济系统在生态系统和社会系统作用和影响下的经济再生产功能包括社会生产力的再生产和生产关系的再生产。海洋生态经济系统的社会生产力的再生产主要是物质资料的生产和再生产。依托海洋生态系统再生产提供的海洋自然资源和服务,通过这种经济再生产过程,能够不断地生产出满足社会自身需要的生产资料和消费资料,同时生产出促使生态系统良好运行的物质资料,以实现整个海洋生态经济系统的总需求与总供给的平衡。在实际生产过程中,进行海洋环境保护的这部分物质资料往往被放在不重要的位置甚至完全被忽视的境地。

海洋经济系统的再生产功能是通过生产—分配—交换—消费—废物—降解再

生等六个环节来实现的。只有这六个环节相互配合、相互衔接和协同，才能共同形成海洋经济系统的再生产过程，促使海洋经济再生产正常运转。这六个环节中，生产环节最关键。因为生产环节决定着在海洋经济再生产过程中用什么生产以及生产多少符合需要的产品，如果这个环节出现产品数量不足或者不符合消费者的需要，分配、交换和消费就会受到影响，出现产品的供给侧与需求侧失衡、错位，甚至出现"巧妇难为无米之炊"的短缺经济现象。

海洋经济在很大程度上是"以海洋空间为活动场所或者是以海洋资源为利用对象的各种经济活动的总称"[59]，也就是说，海洋经济在很大程度上是海洋资源经济。海洋资源是进行海洋经济活动的自然物质基础，海洋经济系统通过其直接生产环节与海洋生态系统联系在一起。因此，能否处理好资源采集与直接生产之间的关系至关重要。如果处理不好两者之间的关系，海洋自然资源的不可持续利用问题就可能出现，最终反过来也影响海洋经济系统正常的再生产功能。

在现阶段，随着人们对海洋的开发活动不断加强，海洋经济系统的扩大再生产活动使其在整个生态经济系统中的主导作用越来越凸显。海洋经济系统的扩大再生产包括外延式和内涵式两种模式。早期的海洋经济扩大化再生产主要是粗放利用海洋自然资源的外延式再生产。这种高投资、高物（能）耗、高污染、低效益的再生产活动不仅造成了海洋自然资源的极大浪费，也在很大程度上破坏了海洋生态系统的正常再生产功能，从而导致诸多的海洋生态经济问题。随着人们对海洋和人类关系的认识不断加深，科学技术的不断进步，目前的海洋经济扩大化再生产逐渐向节约集约利用海洋资源的内涵式再生产转变。我国目前正在开展的蓝色经济区建设就是在这方面的重要实践行动。通过蓝色经济区建设等国家战略的实施，海洋经济的再生产更多地采用具有高科技含量的新工艺和新设备，以节约集约利用稀缺的海洋自然资源，生产出既具有高科技含量又绿色环保的符合消费者需要的海洋产品。这既提高了生产资料的经济产出效率，又在废物再利用和再资源化中提高资源利用效率，减轻了环境污染。可以说，积极推进海洋经济系统的内涵式扩大化再生产模式是实现海洋经济系统的再生产功能正常运转的关键，这进而影响到整个海洋生态经济系统的可持续发展。

（三）社会系统的人口再生产功能

社会系统在海洋生态系统和海洋经济系统的作用和影响下的人口再生产功能主要包括：作为生产要素的劳动力和人力资本的再生产、作为生态系统重要组分的生物种群的再生产、作为社会性动物的社会规则的再生产及为了人类生存提供的各种服务的再生产。人口再生产在海洋生态经济系统的可持续发展中起着非常重要的作用。

任何社会的经济活动，都必须使劳动力、劳动资料和劳动对象相结合。因此，海洋经济系统的正常运转离不开海洋自然资本、经济资本等生产要素，也离不开参与海洋经济生产活动的劳动力和人力资本等生产要素。劳动力和人力资本的再生产包括劳动者体力和精力的恢复与增强、劳动者智力和能力的提高，以及劳动力和人力资本的延续等内容。从一定意义上讲，劳动力和人力资本的再生产是人口再生产的最重要的内容。海洋经济的资源性特点、综合性特点以及高技术性特点对从事海洋经济活动的劳动力和人力资本的再生产提出了更高要求。可以说，海洋经济活动中的劳动者的素质高低和人力资本投资的力度在很大程度上决定了海洋经济活动能否顺利发展，进而影响到整个海洋生态经济系统的可持续发展能否顺利进行。

人类同生态系统中的其他生物种群一样，也是生态系统中一个种群，只不过是最具有能动性的高级动物。其种群的个体数量、分布、增长速度都有一个与生态系统内其他种群相协调、与经济发展水平相适应的"度"。如果人类的个体数量、分布和增长速度突破这个度，首先会破坏整个生态系统的生态平衡，进而会降低生态系统的承载力，破坏经济系统和社会系统的可持续发展，最后导致整个海洋生态经济系统不能实现可持续发展。因此，从生态系统的角度看，如何使人类这个种群实现可持续发展也是一个非常重要的问题。

具有社会性的人类按照一定的社会规则组织在一起。这些社会规则包括家庭与婚姻规范、民族文化与宗教规范、伦理与道德规范、生产关系规范、社会法律与乡规民约、教育与卫生的自组织规范、人权保护规范、人与自然的协调规范等[53]。遵从这些强制性的和非强制性的社会规则的人类活动形成了特有的人类社会文明。人类正是在这些规范的约束下进行着自身的人口再生产，反过来也影响着社会规则的发展和演变，推动着人类文明的进步。沿海地区的社会规则特别是非强制性的饮食文化、乡规民约等与内陆地区存在明显不同。这种社会规则的差异化存在也赋予了海洋生态经济系统特别的内容，为发展独具特色的海洋人文旅游提供了重要的物质基础。

社会系统提供的教育、文化、体育、医疗卫生、社会保障、防灾救灾等各种服务，为人口再生产的顺利进行提供了重要保障。这些服务不仅是人类生存和实现正常的人口再生产的必要条件，也构成了现代海洋经济系统中的第三产业的重要组成部分。这些服务行业在促进劳动者体力和精力的恢复与增强、劳动者智力和能力的提高，以及劳动力和人力资本的延续等方面起着越来越重要的作用。这一点也表明社会系统与经济系统之间存在着密切的内在关系。

（四）三个再生产之间的关系

海洋生态经济系统的生态环境再生产、经济再生产和人口再生产是整个系统再生产过程中不可分割的三个方面。生态环境再生产起着基础性作用，经济再生产起着主导性作用，人口再生产起着重要作用。它们之间既互为前提又相互作用，既相互联系又相互制约，三者构成了矛盾统一的辩证关系。这种矛盾统一的辩证关系推动了海洋生态经济系统再生产过程的发展，构成了周而复始的海洋生态经济系统的再生产运动。

为了完成海洋生态经济系统的再生产，三种再生产过程交织在一起。既要利用海洋生态系统生物、矿产资源和自然力等的作用，又要利用经济活动的物质资料，也离不开劳动者有目的的管理活动，三者不可或缺，缺少任何一方都不能构成真正的海洋生态经济生产活动。

三种再生产能力存在变动的同向性特点。如果海洋生物的自然再生产能力强，提供的海洋自然资源多，则海洋经济进行再生产的自然资源保障能力强，进而满足人口再生产的产品供给能力强，这最终导致整个海洋生态经济系统的再生产能力强，出现较好的生态经济效益。相反，如果海洋生物的自然再生产能力弱，则海洋经济进行再生产的自然资源保障能力弱，进而满足人口再生产的产品供给能力弱，这最终将导致较弱的海洋生态经济再生产能力。如果在较弱的海洋生物再生产能力下，过度利用生物资源等，虽然可以在短时间内为经济生产提供较多的海洋资源，但是这种不可持续的资源利用短视行为将最终导致整个生态经济系统再生产的物质基础受到破坏，进而影响到整个海洋生态经济系统再生产的正常运转。我国近海地区渔业资源枯竭，许多传统渔民被迫弃船上岸或转向远洋捕捞就是这方面的一个真实反映。

图 2-4 反映了海洋生态经济系统的三个子系统再生产功能之间的紧密联系。在生态系统、经济系统和社会系统中，各子系统的再生产功能状态决定着各自的效益状况，进而决定着任一子系统向另外两个子系统输出各类产品的能力，也决定着它对另外两个子系统输入各类副产品的抗干扰能力和恢复能力。另外，图 2-4 也反映出为了促进海洋生态经济系统各子系统保持健康的再生产能力，在三个子系统之间存在着一个海洋生态环境保护系统。它不断从经济系统获得各类物资和资金，从社会系统获得高素质的劳动力、人力资本和管理制度等，并将这些要素投入到海洋生态系统，以维持和提高它的再生产能力。同时，这个保护系统将海洋生态系统再生产能力发生变化的信息及时传递给经济系统和社会系统，以调整它们对海洋生态系统保护的投入力度、方向和领域。这个过程的畅通有力地保障了海洋生态经济系统三个子系统再生产的正常运转。

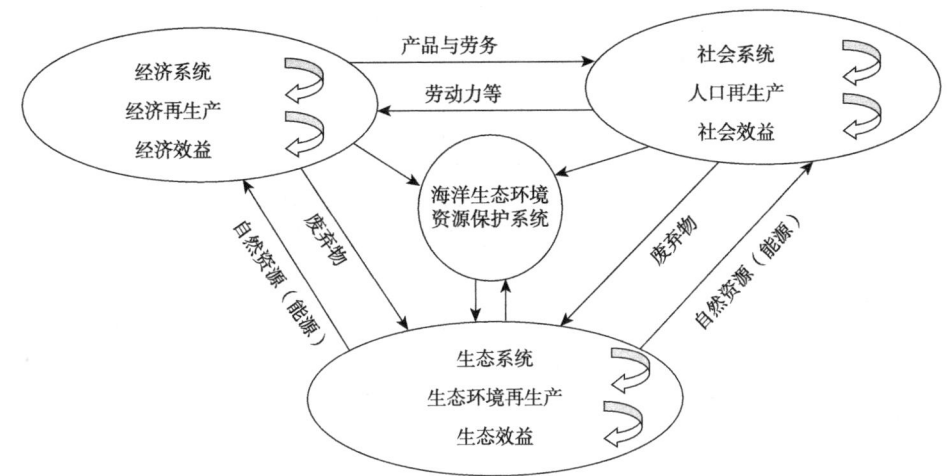

图 2-4　海洋生态经济系统再生产功能之间的关系

第三节　海洋生态经济系统的内部联系

海洋生态经济各子系统及其各组成要素是构成海洋生态经济系统的基础，各组成要素通过海洋生态子系统的食物链和海洋经济子系统的投入产出链组成的食物链（网）—投入产出链（网）相互连接组成一个完整的复合系统。海洋生态子系统中处于食物链不同环节上的各种动植物及微生物被从事不同经济活动的人类捕获，成为海洋经济子系统中各海洋产业进行初加工和深加工的原料，进入海洋经济子系统生产中的投入产出链，此时不仅海洋生态子系统中的物质流、能量流和信息流可以沿着食物链—投入产出链传递到海洋经济子系统中，同时伴随着价值增值过程。

海洋生态子系统各组成要素通过食物链（网）—投入产出链（网）进行物质、能量、信息及价值的交换，调节整个系统向相对均衡有序的状态发展，实现海洋资源的优化配置，达到综合效益最大化。因此，海洋生态经济系统运行过程中体现出强大的物质循环、能量流动、信息传递和价值增值等功能。

海洋生态经济系统的物质循环既包括按照营养物质小循环和生物地球化学大循环而形成的各种海洋自然物质的循环过程，也包括通过海洋资源采集而形成的有用原料沿着投入产出链（网）和需求消费链（网）的经济物质的循环过程，又包括各种生产性废弃物和生活性废弃物的循环过程。

海洋生态经济系统中的物质循环过程往往伴随着能量流动，两者相伴相生，相互依赖。输入到海洋生态经济系统的能量要素分为两种类型，一种是生态能量要素，如风能、太阳光能、潮汐能等，需要经过生态子系统的转化才能被海洋经济子系统和社会子系统利用；另一种是资源能量要素，如海洋生物、海洋油气等，可以直接被海洋经济子系统和海洋社会子系统利用。海洋经济子系统和海洋社会子系统则利用海洋生态子系统输入的生态能量和资源能量要素，经过加工生产转化为经济能量要素，并输出到海洋生态子系统，同时将生产过程中产生的废弃物排放到海洋生态子系统，实现海洋生态经济的能量流动。

信息是同物质和能量密切相关的事物的属性。海洋生态经济系统中的要素及其本身都存在大量信息，这些信息以物质和能量为载体，在物质循环、能量流动和价值增值过程中实现信息的获取、存储、加工、转化和传递。海洋生态经济系统中的信息流可以分为自然信息流和人工信息流两种类型。其中自然信息流构成海洋生态子系统中各组成要素的信息交流形式，如各类环境因素之间、各类生物要素之间以及环境要素与生物要素之间的相互运动都会产生自然信息流；人工信息流则是指从海洋生态子系统、经济子系统、社会子系统以及外界系统监测、获取、存储、加工、转化、传递和使用信息的复杂运动。在海洋生态子系统中，来自不同要素的信息通过食物链传递和各种纸质媒介、电信及网络等传播，形成复杂的信息网络，为社会子系统的人类利用海洋资源环境、管理海洋生产经营提供决策依据。

海洋生态经济系统归根结底是人类社会劳动的产物，因此在整个系统运转过程中必定伴随着货币流动和价值增值，从而形成系统的价值流。价值流动大体可分为三个阶段。第一阶段是价值流的投入阶段。海洋生态经济系统是由社会子系统中的人通过投入活劳动和物化劳动，利用海洋资源进行加工生产而形成的复杂系统。在加工生产之前，总是要投入一定的资本或资金来购买生产资料和支付劳动者的劳动报酬，这便产生了价值流的投入过程。第二阶段是价值流物化阶段。劳动者在投入物化劳动和活劳动进行产品生产的过程中，将劳动物化在各种海洋资源的开发利用中。在利用具体劳动创造新的使用价值的同时，通过抽象劳动创造了新的价值。第三阶段是价值流实现和产出阶段。价值流物化阶段形成的使用价值在商品流通过程中实现交换时，价值流也得以实现和产出。一般情况下，在第一、三阶段，海洋自然资源与生态服务以及生产的海洋产品的价值流的运行方向与使用价值流的运行方向是相反的。如果这两种流动得以顺利实现，则海洋生态系统提供自然资源与生态服务的价值得以顺利体现，海洋自然资源与生态服务的再生、保护与可持续利用将处于良性循环的状态，从而能够实现海洋生态经济系统的可持续发展。但是事实上，人们低成本甚至无成本利用海洋自然资源与生态服务，这一弱化海洋"利益相关者"经济价值地位的行为导致自然资源枯竭、生态功能退化、环境污染等海洋生态经济系统诸多问题。

第四节 海洋生态经济系统的发展趋势

一、海洋生态子系统的基础性地位越来越脆弱

生态系统脆弱性是系统自身具有敏感性或者不稳定性，导致生态环境对内部和外部的干扰活动或过程的不良反应[60, 61]。目前，人类通过海岸工程、滩涂围垦、水产养殖、资源开采、污染排放等经济活动，深刻改变着海洋生态系统的物理环境及其演进方向，也深刻影响了海洋生态系统生产力的正常运转，海洋生态系统对人类干扰活动产生的不良反应日趋显现，即海洋生态系统的脆弱性形式趋于多样化并呈现出不断加剧的趋势。海洋生态系统日趋严重的脆弱性主要表现为以下几个方面。

水质不断恶化。水质是衡量海域生态系统脆弱性的一个重要指标。随着沿海地区人口的增加和经济的飞速发展，工业废水、生活污水排放量越来越大，农业面源污染、海水养殖污染日趋加重，氮、磷、有机物等污染物源源不断地进入海洋，使近海特别是较封闭的海湾和河口区有机污染和富营养化程度加剧，环境质量急剧下降。全国面积大于 $100km^2$ 的 44 个海湾中，17 个海湾四季均出现劣于第四类海水水质标准的海域，主要污染要素为无机氮、活性类酸盐和石油类[62]。这也是 2016 年以来国家大力支持沿海地区开展蓝色海湾整治行动的一个重要现实背景。

岸线人工化，纳潮量减少。我国岸线漫长，沿岸优良港址众多。但是由于沿海的围垦造地等人类活动对海岸演变的影响愈加显著，自然岸线多被人工岸线替代，海湾淤积萎缩加速，纳潮量减少，环境功能退化。海岸工程不仅使海域水动力条件改变，导致水体交换不畅，而且使入海污染物的稀释能力下降，不同区域不同时间冲淤消长发生差异，海域的环境物理过程发生了根本性的变化。2016 年以来，中央生态环境保护督察组对沿海省份进行督察时发现的海洋生态损害和污染等各类问题，已经引起有关方面的高度关注。

生物群落结构改变。近年来，近海海域的生物群落结构发生了明显的变化，海洋生物多样性已面临严重的威胁，海洋生物初级生产力中的浮游植物多样性指数下降。另外海水养殖种群的近亲繁殖，导致养殖生物遗传多样性下降，优良性状衰退，已出现个体小型化、性早熟、生长缓慢、抗病力下降、肉质降低等不良

后果，野生种群种质逐步退化。例如，渤海海域鱼类产卵场、索饵场、越冬场和洄游通道破坏退化严重，重要经济渔业资源减少近60种[60]。

养殖区沉积物质量下降。在鱼排网箱养殖区、牡蛎养殖区表层沉积物中由于大量的残饵、生物排泄物及残骸对底质环境产生了较大的影响，沉积物中有机碳、总氮、总磷和硫化物含量均高于全海域平均值，特别是养殖区底质的硫化物浓度，大大高于非养殖区。

近海渔业经济下滑。伴随经济的发展，海洋近海环境的恶化，渔业经济在沿海地区已经显示出"疲态"。2015年全国近海捕捞量1314.78万t，虽然比2014年的捕捞量略有增加，但是比2003年的近海捕捞量（1432.31万t）减少了8.21%；主要经济鱼类带鱼的近海捕捞量下降更为明显，2015年的捕捞量比2003年下降12.58%；低值鱼类增多，渔获物个体偏小[63]。另外养殖面积虽在持续增加，但是养殖产量和质量却停滞不前，一些地方的养殖产量甚至出现倒退，给当地的渔业经济带来了严重的影响。因此，亟须改善水域环境，优化养殖结构。

海洋灾害频发。沿海地区不同程度地遭受到台风、风暴潮、海浪、海冰、赤潮、海平面上升、海岸侵蚀、海水入侵与土壤盐渍化、咸潮入侵等海洋灾害的侵袭，这些灾害严重影响了沿海地区的经济发展和城市建设，给沿海经济发展和人民生命财产安全造成巨大威胁。近些年我国沿海地区除了遭受以上几类海洋自然灾害的严重影响外，也面临比较严重的绿潮（浒苔）灾害以及海洋溢油灾害等。《2016年山东省海洋环境状况公报》显示，2016年黄海海域绿潮分布面积是过去5年来最大的一年，较5年平均值增加了37%[64]；据《2016年中国海洋环境状况公报》统计，2012年以来渤海海域年均赤潮发生面积超过2400km^2，主要河口和海湾生态系统持续处于亚健康和不健康状态[62]。这些海洋灾害的频繁发生及其造成的严重人员伤亡与经济损失，从另一个角度说明海洋生态系统抗干扰的能力面临严峻的考验。

二、海洋经济系统再生产的主导作用越来越突出

首先，经济再生产过程的这种主导作用是由社会生产力和社会生产关系作用于海洋生态系统自然再生产过程而表现出来的。在既定的生产关系条件下，海洋经济再生产过程的主导作用的程度，取决于人们对海洋生态系统自然规律的认识和利用程度、科学技术的发展水平及其应用程度以及一定时期的社会经济力量。今天，随着科学技术越来越发达，人们对海洋生态系统自然规律的认识程度越来越深刻，对海洋生态系统自然规律的利用也越来越合理，社会经济力量越来越强大，海洋经济再生产过程的主导作用也就变得越来越突出。

其次，海洋经济再生产使海洋自然再生产得以实现的主导作用在不断增强。按照马克思主义的基本原理，人是最具能动性的生产要素，是再生产中的主体；海洋生态系统是客体，是被动的因素。各种海洋自然资源只有通过人的生产活动才能组合起来。一切自然资源，都是一种潜在的生产要素，它们必须以人的劳动为前提，才能变成现实的生产力，才能充分发挥自然资源的效能。现在，人类活动比以往任何时候都更多地利用各种海洋资源进行经济生产，不断提高海洋资源利用效率，拓展利用海洋资源的种类，尽最大可能地发挥着海洋资源在整个海洋生态经济系统中的积极作用。

最后，海洋经济再生产对海洋自然再生产的主导作用也在不断增强。海洋生态系统的生物生长过程等固然有其内在矛盾运动的规律，但仅仅依靠它们自发的生长和发展，海洋生态系统只能提供极少量的自然生产物，这种自然生产力水平远远不能满足整个社会日益增长的对海洋产品的需要。通过人的能动作用，可以为海洋有机体的自然增殖和更新创造条件。例如，海水养殖技术水平的不断提高，增强了海洋经济鱼类的自然生产能力。另外，通过不断改造不利的海洋自然环境条件，使海洋自然环境更加有利于海洋自然再生产过程的运转，增强海洋自然再生产能力。

当然，强调经济再生产的主导作用，绝不是意味着海洋经济活动可以违背自然规律。恰恰相反，人们在海洋经济活动中只有充分认识和真正尊重海洋生态系统发展的自然规律，才能更好地发挥自身的主导作用。虽然我们对海洋的认识水平在不断提高，但是未知的东西还很多，因此，可以说海洋经济活动的主导作用在一定程度上还具有较大的盲目性和风险性。越是这样，我们越需要正确地发挥海洋经济再生产的主导作用。

三、海洋经济再生产的理性化趋势越来越明显

随着对人海关系认识的不断加深，人们意识到虽然海洋面积辽阔，海洋资源丰富，但是不合理地一味向海洋索取，将导致海洋自然生产力下降，海洋生态系统失衡，最终人类会受到自然界的惩罚。各种涉海灾害甚至灾难的频繁发生促使人们不断深刻反思传统的人海关系行为，人们越来越认识到人海关系和谐是实现海洋生态经济系统可持续发展的重要前提。在这种情况下，人们开发利用海洋的行为逐渐由盲目野蛮向理性控制转变、由粗放浪费向节约高效转变，由被动保护海洋生态系统向主动保护海洋生态系统转变。这是人们的一种思想觉醒，是一种被动式觉醒。当人们因保护海洋而获得来自海洋的丰厚馈赠时，这种被动式觉醒逐渐转换为主动适应从而不断加大对海洋生态经济系统的保护力度。

人类开发海洋的理性化行为由以下行动可见一斑：伏季休渔制度的持续实施、海洋主体功能区划的实施、海洋保护区制度的不断完善、海洋环境保护制度的不断完善、海洋生态补偿制度的实施、围填海的严格审批与控制等。另外，随着科学技术的不断进步，海洋监测监控能力明显提升，管理者所获得并披露的海洋开发与保护信息服务越来越客观全面、越来越及时、越来越公开。这些活动和服务使海洋生态系统受到不良影响的趋势整体上得到了比较有效的遏制，部分海洋生态系统的自然生产力水平甚至出现回升现象。

四、海洋生态经济系统的主要矛盾越来越凸显

海洋生态经济系统的主要矛盾是人们不断增长的对海洋生态系统服务的各种需要与海洋生态系统供给不平衡不充分之间的矛盾。虽然海洋面积辽阔，物产丰富，但是其再生产能力也是有一定阈值的，这在一定程度上也体现出很多海洋资源与经济资源相类似的稀缺性特点。人口数量不断增长以及既有人口追求更好生活条件的欲望使得人类对海洋产品和服务的需要也是不断增长的。这表明，为了不断满足人们日益增长的对海洋产品和服务的需要，我们要不断扩大对海洋资源的开发利用。但是，这在一定程度上可能会导致稀缺的海洋资源变得更加稀缺。

为了较好地处理好这个主要矛盾，我们要科学发挥海洋生态经济系统的生态环境再生产功能、经济系统的经济再生产功能和社会系统的人口再生产功能。说到底，实质上是实现这个复杂大系统内的物质、能量、信息、人和价值的合理流动，实现人海关系的协同型演化。人海关系的协同型演化从某种程度上讲是人类活动与海洋生态系统之间的正、负反馈两个过程叠加导致熵增小于熵减的结果表现[65]。正反馈是一种熵减过程，人类社会系统培育相关人才，并投入资金、科技及管理等，合理地开发利用海洋资源、保护海洋环境，使海洋生态系统产出更多资源，提供更优良环境、更优越空间条件等，供人类社会系统使用。这种正反馈，在推进人类对海洋的开发向纵深发展的同时，也加速海洋系统进化。负反馈是一种熵增过程，人类无序无度开发海洋资源环境，不注重生态环境效益，造成海洋环境污染与生态系统退化。海洋生态系统结构、功能及其自循环过程遭到破坏，进而导致海洋资源枯竭，生态环境恶化，最终限制人类社会的可持续发展。当实现了人海关系的协同型演化，生态环境的再生产、经济系统的经济再生产和社会系统的人口再生产都能顺利正常进行，海洋生态经济系统的主要矛盾逐步缓解并有望最终得以解决。

五、人们越来越追求对海洋的物质需求、精神需求和生态需求的统一

人们对海洋的需求首先是物质需求，特别是满足其基本生存发展、具有不可替代性的必需品，其次是追求具有一定可替代性的改善需求质量的物质需求品。在这个阶段，人们关注的主要是海洋生态经济系统的经济再生产功能，追求基本必需品数量的增加和品种的丰富，以及物质产品质量的提高。在这个过程中，人们不考虑或少有考虑精神需求、长远利益、社会利益、后代人利益以及生态利益，这种短视行为对海洋生态经济系统的生态环境再生产功能产生了难以忽略的负面影响。

随着对海洋的物质需求达到一定程度，人们对海洋的需求将会更多地转向个人对海洋非物质的精神需求和个人作为海洋生态经济系统中社会成员的精神需求。对海洋非物质产品的需求包括对海洋文化、海洋教育、海洋旅游等方面的需求，社会成员的需求包括在海洋生态经济系统中的个人社会地位、个人社会价值、团体利益、民族自尊和利益等[66]。精神需求品也具有正常品的特性，即价格越高，需求量越小；价格越低，需求量越高；收入越高，需求越大；收入越低，需求越低。在这个阶段，人们对海洋的关注主要转变为人与人、人与社会的关系，人口的再生产功能得到加强。

人类贪婪无度的索取严重影响了海洋生态系统的再生产功能，进而影响了海洋生态系统对海洋经济系统和社会系统的资源供给功能，海洋环境质量严重下降。这不仅影响了自己以及周围人群享受良好的海洋生态系统服务的供给功能，而且妨碍了后代人与我们当代人同等的权利。在这种情况下，良好的海洋环境质量成为越来越稀缺的资源，人们对良好海洋环境质量的需求越发强烈，也就是产生了生态需求。在这个阶段，人们对海洋的关注主要侧重于人海和谐关系，更加重视海洋生态经济系统的生态环境再生产。

对海洋物质需求、精神需求和生态需求的关系有以下特点：第一，矛盾统一性，即人们对海洋的需求既包括物质需求，也包括精神需求，更包括生态需求。但是由于发展的特定阶段，某一种需求的满足可能导致其他需求不能得到有效的满足。这看似矛盾的需求满足具有内在的统一性。从长远来看这三种需求是相互影响、相互制约、相互促进的；从整体来看，这三种需求都是人类所需要的，是人类整体需求的有机组成部分，人类文明越发达，这三种需求的统一性就越强。第二，发展的阶段性，即人类发展过程的经济水平以及人的认知水平等导致对三

种需求的重视程度具有阶段性。也就是说，人们首先重视物质需求，特别是满足基本生存的海洋必需品，其次重视满足精神需求的追求，然后才是更加重视与物质需求和精神需求具有重要关系的生态需求。在基本生存的物质需求得不到满足时，任何精神需求和生态需求增加的边际效用都为零。第三，不完全的可替代性。这种替代性是指三种需求品之间具有一定的可替代性。当物质需求品的边际效用下降到一定程度后，人们可能将收入的一部分用于满足其精神需求的非物质产品等的消费，这类消费品的边际效应在初始阶段比较高，一些用于改善物质产品质量需求的收入将会越来越多地用于精神需求品的购买和消费，其后它也按照边际效用递减规律的趋势发展。当精神需求达到一定程度时，人们可能会将用于改善物质产品质量需求及精神需求的收入用于生态需求品的消费。这样一种发展过程明显体现出三类需求品之间的部分替代性。当然，如果条件发生改变，也极有可能出现三者之间的逆替代。第四，适应性结果。三类需求的递进关系反映了人们认识海洋生态经济系统的自然发展规律和经济社会发展规律及其之间关系的深刻程度，并对自己的行为方式和行为特征进行调整，以适应海洋生态经济系统的内在发展规律，并达到更好地利用该规律造福整个社会，既满足人类自身的三种需求，又保持海洋生态经济系统的三种再生产功能特别是作为整个大系统物质基础的生态环境再生产功能的良好运转。这个适应过程本质上是人由理性经济人到社会人，再到自然人的一种转变。

第三章 能值相图模型

第一节 能值理论

一、能值定义

能值理论由美国著名生态学家 H. T. Odum 提出,用以研究生态系统与人类社会经济系统,定量分析资源环境与经济活动的真实价值以及它们之间的关系。Odum 将能值定义为产品或服务形成过程中直接和间接消耗的一种类型的能量的总和。其理论依据是生态经济系统是一个自组织,其中所有的任何形式的能都来自太阳能,随着能在系统中的流动,一部分能散失掉(熵),而同时形成具有较高能量等级的新形式的能。通过追溯研究,任何一种形式的能都可以用同一种形式的能来表示[67,68]。由此可知,不同类型的能量具有不同的能级和能质,随着能量从低等级的太阳能转化为较高质量的绿色植物的潜能,再传递和转化为更高质量和更为密集的各级消费者的能量,能量数量的递减伴随着能质和能级的升高;各类能量之间具有特定的转换关系,即能值转换率(emergy transformity),通过能值转换率可以把不同类型的能量转化为同一量纲的能值。

因为任何能量均始于太阳能,所以一般就用太阳能值(solar emergy joules,sej)为标准来衡量任何类别的能量,这样便于进行比较研究和推广应用。

二、能值分析和能量分析的区别

能值分析与传统的能量分析具有明显的区别,其主要区别可以概括为以下三点。

第一,传统的能量分析通常不考虑难以用货币或能量表示的投入(如环境资源的投入），不能表示生态效益，从而不能客观地反映自然界对人类做出的巨大贡献。显然这对给人类经济系统提供生产资料和生活空间的自然环境的存在和发展是极为不利的，进而会对生态经济系统的可持续发展产生重大影响。而能值分析则涵盖了所有的投入来源，不仅考虑了具有市场交易价格的产品和服务，也考虑了没有在市场上交易而难以体现其价格的产品和服务的投入，分析所得的综合结果既反映生态效益，又体现经济效益，在很大程度上为避免产出效率的虚高和经济活动的资源环境空心化提供了非常重要的信息。

第二，传统的能量分析把不同形式、不同等级的能量简单相加减造成结果的放大或缩小效应；而能值分析则把居于不同等级的能转换成同一质量的能来进行分析。能值分析不仅可以测度产品生产所消耗的能量，还可以测度该产品所提供的最大产出潜能。

第三，传统的能量分析不利于分析热力学第二定律所确定的熵值；能值分析则可以根据转换率的大小来计算系统熵值的变化。这有助于我们客观了解不同等级能量转换的效率高低，便于我们客观判断经济行为的科学性和合理性，从而为改进效率指明方向。

三、能值分析的重要作用

能值不等于实际的能量，而是一定类别和一定数量的能量在一定时间和空间的聚集。利用能值理论可以进行如下分析。

（1）估计生态环境承载力。假定人类处于一定的消费水平上，根据单位时间的净能值就可以计算出所研究时段的承载力状况，并能与现状进行比较和分析。

（2）可持续发展研究。它启示我们：要不断给系统输入能值，使得系统不断向前发展演化；最有效地利用可利用能值，所释放的熵应控制在适宜的范围内；保持系统中经过长期进化而形成的约束关系，譬如为人类提供巨大服务功能的湿地、森林和草地的面积应保持一定的数量和质量[69]。

（3）环境资源估价。虽然目前在可持续发展理念的引领下，人们越来越重视对资源环境价值的研究。但是由于资源环境及其服务大多没有在市场上进行交易，长期以来环境资源的价值计算是一个世界性的难题。能值理论因可以将所有资源和产品——不管是否可以在市场上进行交易，统一用太阳能值等指标进行表示，这就为研究环境资源的定价提供了一个新途径。

（4）生态效率计算。以往的系统生态效率通常以能量的产出/投入比来表达。这种表达方式没有将不同来源、不同类别和性质的各种能量和物质进行等级转换，就将它们进行相加和比较。这不仅忽视了不同能质的各种能量和物质的不可比性，计算结果也不能反映系统真实的生产效率，进而导致依托该指标的其他计算与分析结果产生偏差。能值分析则解决了这个问题。通过能值转换率，我们可以将不同来源、不同类别和性质的能量或物质转换成同一性质的能值（如太阳能值），这就有效解决了传统能量分析过程中的不可比问题及后续带来的计算偏差等问题。这也使得能值分析理论的应用领域和范围走得更远：不仅可以分析物质流、能量流，而且可以分析生态经济系统中的信息流、货币流和人的流动等问题；不仅可以分析系统的生态效率，而且可以开发出反映系统结构功能特征及效率的一系列能值指标（如能值投资率、净能值产出率、能值/货币比率、能值持续性指数等）以进行综合分析。

四、能值分析的有关概念

应用能值理论进行分析涉及的专业术语如表 3-1 所示。在明确各术语的内涵后就可以按照能值分析的基本步骤和方法进行深入研究了。

表3-1　能值分析的主要术语

名称	含义	备注
能值	产品形成所需要直接和间接消耗的一种能的总量	常使用太阳能值概念（sej）
能值转换率	产生单位能量或物质所需要的另一种能量或物质的总量	常用太阳能值转换率（sej/j 或 sej/g）来表示
能值功率	单位时间内的能值流	常用太阳能值功率来表示（sej/time）
能值密度	单位面积上的可利用能值	年能值利用量/面积（sej/m^2）
能值-货币比率	单位货币相当的投入能值量	年能值利用量/当年 GDP
宏观经济价值	可利用能值相当的市场货币价值	可利用能值/能值-货币比率
环境负载率	单位可更新能值所承担的不可更新能量	不可更新资源投入/可更新资源投入
能值投资比率	单位环境能值投入所反映的经济系统输入能量	社会经济反馈能值投入/环境能值投入
净能值产出率	单位经济系统反馈能值投入的产出量	总产出能值/辅助能投入
能值持续性指数	不可更新环境投入和辅助能值投入的产出能力	净能值产出率/环境负载率

注：根据文献[69-71]整理

能值转换率是一个非常关键的指标。它反映了每单位某种类别的能量或物质所含能值之量。通俗地讲，能值转换率就是每焦耳某种能量或每克某种物质相当于由多少太阳能焦耳的能值转化而来。能值转换率在能量和物质与能值计算中起着重要的桥梁作用。由能值转换率的定义以及能量单向流动的特点可知，在任何一个能量转换过程中，低质量的能量和物质通过相互作用和做功，转化为高质量的能量和物质。某种能量和物质的能值转换率越高，表明该能量或物质的质量越高，亦即它在整个系统中的等级阶层越高。随着能量流动和转化，能量转化链中的能量或物质的数量逐步减少，能质逐渐增高，能值转换率增加。

五、能值分析的基本步骤与方法

我们大致可以将实际的能值分析过程分为以下六个步骤。

第一步，资料收集。在确定研究系统边界的基础上，通过调查、测定、计算等，收集研究对象相关的自然环境、地理及经济等各种资料，整理分类，进行初步汇总。这一步是整个研究的基础。确定研究边界，有利于对研究对象的范围进行界定，这在后续分析中客观描述特定系统的物质、能量等的输入输出至关重要。

第二步，绘制能量系统图。根据 Odum 设计的能量系统语言图例，以第一步收集到的数据为基础，绘制比较详细的能量图。该图详细地表明了系统的主要组分和相关关系及能量流、物质流、货币流等流向的系统能量图解，概括了研究对象各组分和环境的关系。

第三步，编制能值分析表。这一步骤起着承上启下的重要作用。主要包括以下内容：归类列出研究系统的主要能量来源（输入）和输出项目，包括本地资源、输出的不可再生能源、输入货物及劳务等；计算各类能量和物质的原始数据；将各类能量、物质等转换为相应的能值单位（如太阳能值），计算相应的能值-货币价值。此步骤中将能量、物质等转换为能值单位，各类能量和物质的能值转换率起着桥梁作用。能值-货币价值的计算要借助能值-货币比率来完成，这也是将能值与市场价值联系在一起，从效益或效率的角度分析生态经济系统投入产出关系的关键环节。最后，可以根据实际需要建立其他形式的能值分析表。

第四步，构建能值综合系统图。这是根据第三步的计算结果对第二步的整体更新。该步骤将重要的性质类似的项目归纳和综合，构建体现系统资源能值结构及其产出的综合系统图，以便于后续的整体评价。

第五步，建立能值综合指标体系。根据第三步的能值计算表和第四步的综合能值系统图，建立一系列反映生态与经济效率的能值指标体系，如净能值产出率、宏观能值货币价值、能值投资率等。通过计算这些指标的时空演变或者产业差别，以分析生态经济界面的能量、物质和货币等的流动和转化特征，评价自然资源环境对经济系统的贡献和经济系统对自然环境的反作用，从而判断生态经济系统的再生产是否正常运转。

第六步，系统发展评价和策略分析。通过以上分析，对生态经济系统的整体发展状况与趋势定量诊断，为制定正确的系统管理调控措施和发展策略提供科学依据，指导生态经济系统良性运行和可持续发展。

在实际分析过程中，第五步和第六步往往结合在一起进行。这两步的工作为许多基于能值分析角度的研究课题准备了内涵式和外延式研究接口——研究者在此基础上不断拓展研究范围，开发出新的研究方法和指标来分析生态经济系统的发展状况。海洋生态经济系统的能值相图分析就是在此基础上设计了新指标——资源线、敏感线等，分析海洋生态经济系统的发展状况是否可持续，并且考察人们为适应海洋生态经济系统的发展而进行的管理模式的行为改变等。

第二节 三元相图及其基本原理

一、相图概述

相图，也称相态图、相平衡状态图，一般是指根据实验测得的热力学数据和物相绘成的一种简单而有效的描述系统的状态随温度、压力、组成的浓度等参数的变化而改变的关系图，是用来表示相平衡系统的组成与一些参数（如温度、压力）之间关系的一种图形[72]。它在物理化学、矿物学和材料科学中占有很重要的地位。

在系统内部物理和化学性质相同而且完全均匀的一部分称为相。组分（也称组元）是指系统中每一个可以单独分离出来，并能独立存在的化学纯物质，组分的数目叫作组分数。独立组分是指足以表示形成平衡系统中各相组成所需要的最少数目的化学纯物质。在相平衡系统中可以独立改变的变量（如温度、压力或组分的浓度等）称为自由度，在这些变量中可以在一定范围内任意改变，而不致引起旧相消失或新相产生的数目叫作自由度数。多相平衡系统中的相、组分和自由度之间的关系的规律叫相律。

二、三元系统组成表示方法

工业上使用的大多数材料是由两种以上组分构成的，如陶瓷、合金钢、ABS（acrylonitrile-butadiene-styrene，丙烯腈-丁二烯-苯乙烯）塑料等都是属于三元体系。即使有些二元体系，由于不可避免的原因，也会存在一些杂质，因而也构成三元甚至多元体系。三元相图是使用最多、最普遍的一类相图。

三元系统的状态由三个独立变量来表示，其完整的状态图是一个三坐标的立体图。与普通的三维坐标系不同，三元系统相图的状态图是以三角形为底，表示三组分的组成，垂直于底面的坐标表示温度，所以这个状态图是一个三方棱柱体，柱体内的任一点代表了某一组成在一定温度下的状态。但这样的立体图不便于应用，我们实际使用的是它的平面投影图。

三元系统中任意两个组成确定后，第三个组成便随之确定，因此在相图上需要用两个坐标轴来表示组成的变化，这两个坐标轴之间的夹角没有任何限定，但为了使用上的简便直观，常用等边三角形来表示三元系统的组成。这个三角形又称为浓度三角形或成分三角形。如图 3-1 所示，三角形的三个顶点分别表示三元系统的三个纯组分 A、B、C，三条边分别表示三个二元系 A-B、B-C、C-A 的组成，三角形内部任意一点都表示含有 A、B、C 三个组分的三元系统，不同点所含的三个组分的比例不同。

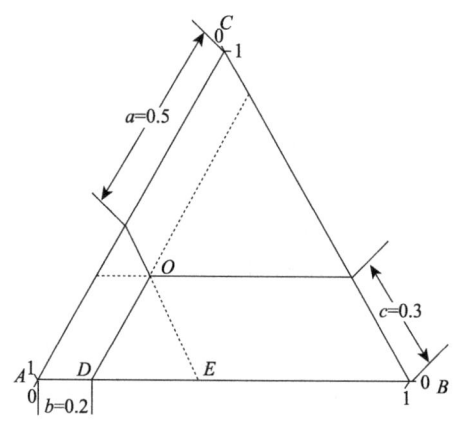

图 3-1　三元系统浓度三角形

很容易证明等边三角形具有如下性质：经过等边三角形内的任意一点，作平行于三角形各边的直线，则在每条边上所截得的截线之和等于等边三角形的边长（图 3-1，$a+b+c=AB=BC=CA$），因此可以利用这个性质来确定三元系统的组成。

将三角形的边长分成 100 份，表示三元系统组成总含量为 1。那么 O 点的组成按如下方法来确定：$A=$长度 $a=0.5$，$B=$长度 $b=0.2$，$C=$长度 $c=0.3$（图 3-1）。O 点的组成可以用双线决求得，即过 O 点朝着某一边做另外两边的平行线，在该边上的两个截点将边长分成 3 段，分别代表三个组分的含量，即 $a+b+c=EB+AD+DE=AB=1$（图 3-2）。

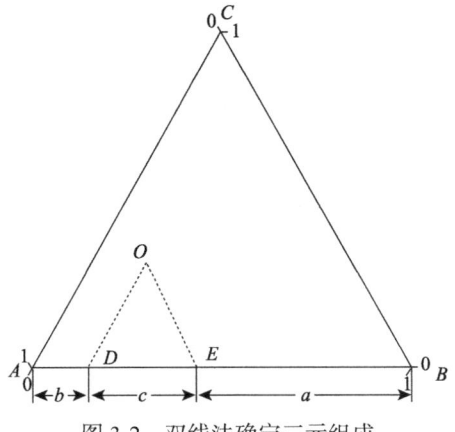

图 3-2 双线法确定三元组成

如果已知三元系统的组成,也可用双线法确定其组成点在浓度三角形内对应的位置,即按相反的操作程序即可确定组成点。比如,已知三元系统的组成 $A=0.5$、$B=0.2$、$C=0.3$,那么在三角形 AB 边上,截取 $AD=0.2$ 代表组分 B 的含量,截取 $DE=0.3$ 代表 C 的含量,右边一段 $BE=0.5$ 代表 A 的含量。过 D 点作平行于 AC 边的直线,过 E 点作平行于 BC 的直线,两直线交点 O 即为所求的组成点。

据此可知,一个三元组成点越靠近某一边,则该边所代表的两个组分含量越高;越靠近某一顶角,则该顶角所代表的组分含量必定越高。

三、三元相图的主要规则

(一)等含量规则

平行于浓度三角形某一边的直线上的各点与其相对的顶角所代表的第三组分的含量不变,在此直线上不同的点的组分,只是该边所代表的另外两个组分的含量在改变。设 O、P 点为位于平行于 AB 的直线上的任意两点,由双引线法向 AB 作引线获得两个全等三角形,其相对的顶角所代表的 C 组分的含量不变,但 A 与 B 的含量不同(图 3-3)。

(二)定比例规则

从浓度三角形某个顶角向对边引出射线,该射线上各点所表示的全部三元系

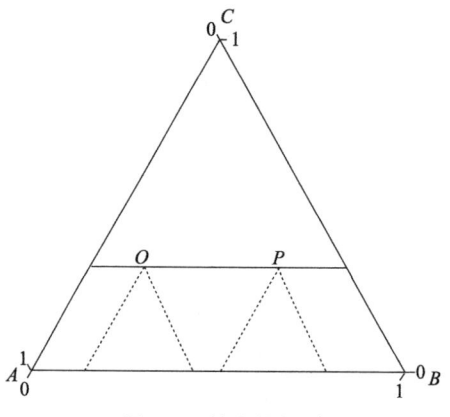

图 3-3 等含量规则

统中，对边的那两个组分含量之比保持不变。

设从顶角 C 向 AB 边作射线，交 AB 于 D 点。在 CD 线上任取一点 O，用双引线法确定 A 含量为 BF，B 含量为 AE，则

$$\frac{AE}{FB} = \frac{PO}{OQ} = \frac{AD}{DB} = k \qquad (3-1)$$

其中，k 为常数。所以，在 CD 线上任一组成点上，A 和 B 含量的比例是不变的，都等于 $DB : AD$（图 3-4）。

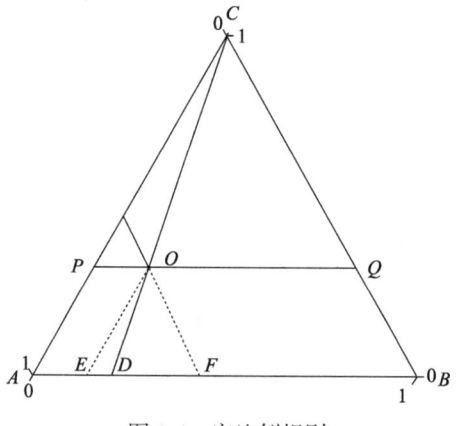

图 3-4 定比例规则

（三）杠杆规则

这个规则包含两层含义：第一，在三元系统内，由两个相（或混合物）混合产生一个新相（或新混合物）时，新相的组成点必定落在原来两相组成点的连线上；第二，新相的组成点与原来两相组成点的距离和原来两相的量成反比。

设在三元系中有两个组成点 P、Q，它们的质量分别为 p、q。由它们合成为一个新相 O，新相的质量为 $p+q$。按杠杆规则，新相组成点 O 必在 PQ 连线上，并且有 $\dfrac{PO}{OQ}=\dfrac{q}{p}$（图 3-5）。

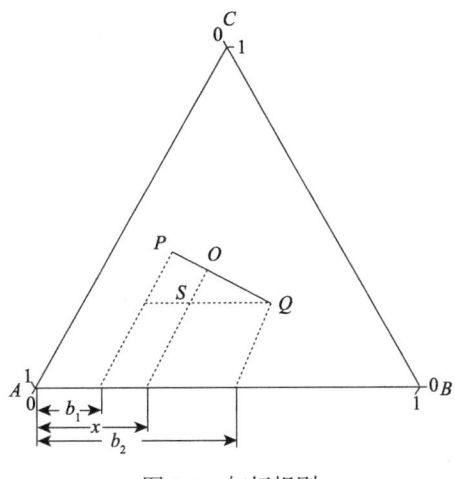

图 3-5　杠杆规则

由杠杆规则得到两个推论：第一，在三元系中，由一相分解为两相时，这两相的组成点必分布于原来的组成点的两侧，且三点成一直线；这两相的含量由它们的组成点所确定。第二，如果已知新相的组成点 O 和原来一相的组成点 Q，则原来另外一相的组成点必在 QO 延长线上。

（四）重心规则

杠杆规则只能用于两相混合形成一个新相或者一相分解为两相的组成点确定与含量计算。在三元系中最大平衡相数是 4 个，处理四相平衡问题时，重心规则十分有用。它是由杠杆规则推导出来的。

处于平衡的四相组成设为 P、Q、O、M，其中 P、Q、M 为原来三个组分，O 为新形成的组分。当 O 点位于 $\triangle MPQ$ 内部时，根据杠杆规则，P 与 Q 可以合成得到 N 相，而 N 相与 M 相可以合成出 O 相，此时 O 组成点必定落在 $\triangle MPQ$ 内部，且是 $\triangle MPQ$ 的几何重心。O 相所处的这种位置被称为重心位置（图 3-6）。这表明 O 相可以通过 P、Q、M 三相合成而得。反之，由 O 相也可以分解出 M、P、Q 三相。即存在：

$$P+Q+M=O \tag{3-2}$$

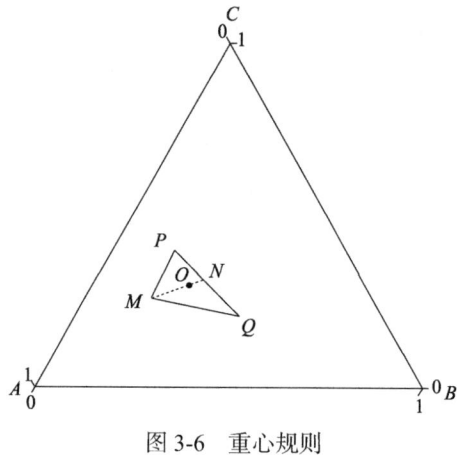

图 3-6　重心规则

（五）交叉规则

当 N 点位于 △MPQ 某条边（如 PQ）的外侧，且在另两条边（MP，MQ）延长线范围内时，根据杠杆规则，$P+Q=O$，$M+N=O$，即

$$P+Q=M+N \tag{3-3}$$

即从 P 和 Q 两相可以合成出 M 和 N 两相；反之，从 M 和 N 两相也可以合成出 P 和 Q 两相。将式（3-3）改写为 $N=P+Q-M$，表明为了得到 N 组成，需从 P 和 Q 两个组成中去掉 M 组成。反之，当组成 N 分解为混合物 P、Q 时，需要加入一定量的组分 M。N 组成点所处的这种位置被称为交叉位置（图 3-7）。

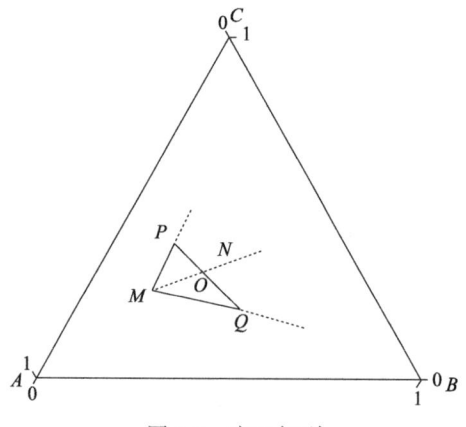

图 3-7　交叉规则

（六）共轭规则

当 S 点位于 $\triangle OPQ$ 某一顶角（如 P）的外侧，且在形成此顶角的两条边（OP，QP）的延长线范围内，根据杠杆规则，$O+Q=M$，$M+S=P$，所以

$$S+O+Q=P \tag{3-4}$$

也就是说，P 可以由 O、Q 与 S 合成得到，它相当于 $\triangle OQS$ 的重心位置。

改写式（3-4）为

$$S=P-O-Q \tag{3-5}$$

可见，要得到组成 S，需要从混合物 P 中去掉一定量的混合物 $O+Q$；反之，组分 S 分解时，加入 $O+Q$ 才能得到 P。S 组成点所处的这种位置被称作共轭位置（图 3-8）。

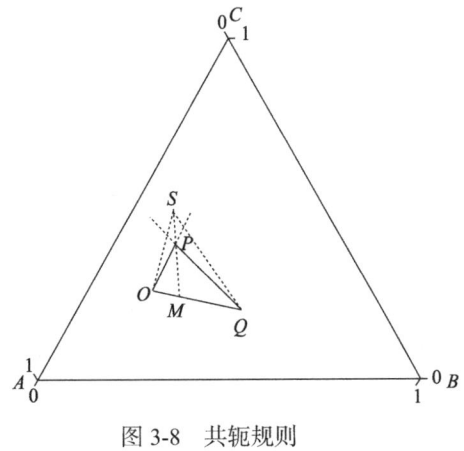

图 3-8 共轭规则

第三节 三元能值相图模型

一、三元能值相图方法的一般性描述

三元能值相图模型就是将三元相图理论与能值理论结合，构建的一类以研究生态经济系统的运行状态、发展趋势、影响因素、优化模拟和政策选择等内容的生态经济模型。三元能值相图有三个要素，一般分为可更新资源能值（R）、不可更新资源能值（N）和输入资源能值（F）。这些要素可以放在一个等边三角形中

进行描述。每个顶点代表一种要素，每条边代表一个二元系统，三角形内的点代表了三元组合。要素的相对比例由已知点向相对于该要素的对边所做垂线的长度来衡量[①]。因此，三元相图上的任意一点的组成能够从相图底层基线 0 开始到顶点的 1 中表示出来。图 3-9 中点 A 代表一个系统中的三种组分的比例关系为：F 占 0.15，N 占 0.61，R 占 0.24。组合点的所在位置使得垂线之和是独立存在的，所以这种方法具有现实可操作性。当然，根据三元相图的初始含义，从 A 点出发到各边的距离也可以转变为将此等边三角形一条边按 15∶61∶24 进行划分。

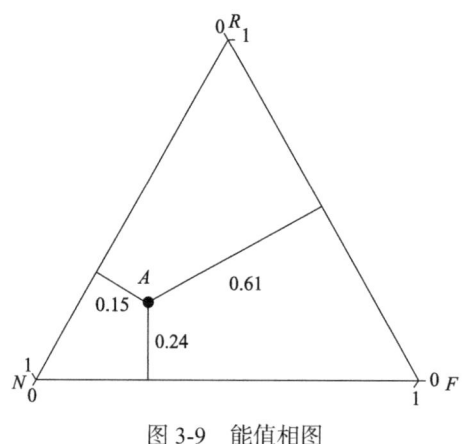

图 3-9 能值相图

这样一来，三角形内部和各边上不同位置的相点代表了不同的输入能值组成结构，三角形内部或边界上任一点到等边三角形三个边的距离衡量了该底边对应的顶点所代表的资源类型在总能值输入量中的相对百分比。通过对生态经济系统和过程在能值相图中不同相位点的研究和比较，可以得到对生态经济系统的资源配置和发展现状的直观认识。

一般意义上，三个部分之和为 1，或者三部分的比例之和为 100%。这个常数限制意味着三个变量中只有两个可以自由变化，即系统中只有两个是自由成分。因此，我们可以在三角形内从两维的角度绘制观测值。虽然这类图本质上是三维的，但是从容易绘制和解释的角度能够用二维形式对它们进行说明。

在这里，三元相图被作为制图工具来协助进行基于能值理论的环境核算和环境决策。它们不仅提供了对数据解释的可能性，而且允许进行数据处理，允许使用三角图形的内在特征来评估系统对可更新资源和不可更新资源的依赖程度，以及评估消解和减轻过程排放物和维持系统效率的环境支撑能力。能值核算的形象

---

① 这一点表述与相图模型中用三角形的边表示各组分的比例有所不同。容易证明，这两种表示方法的结论是一致的。

化特征使得比较生态系统服务的过程和系统的状态差异,评价改善状况以及在整个时间段内追踪整个系统项目的进展程度成为可能。借助三元相图,我们能够容易地识别和评价系统之间,以及系统与环境之间的相互作用。例如,如果我们根据 R、F、N 三者之间的比例关系将三元相图分为若干区域(图 3-10);如果再结合能值生产率(emergy yield ratio,EYR)和环境负载率(environmental load ratio,ELR),更是能够将各种生产过程或行为分为不同的类型:高能值生产率低环境负载率型、高能值生产率高环境负载率型、中能值生产率低环境负载率型等。

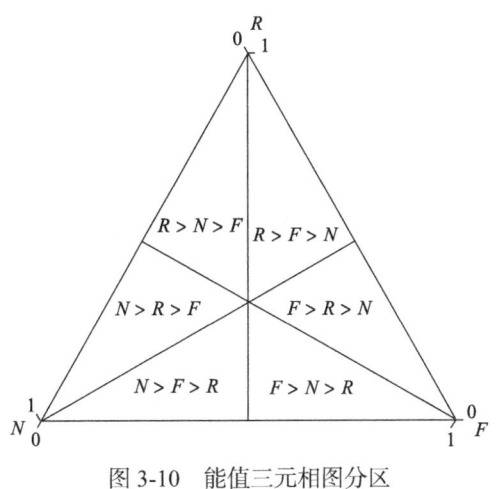

图 3-10 能值三元相图分区

二、三元相图的重要特征在生态经济系统中的应用

三元相图以下四个重要特征在生态经济系统分析中具有重要作用。

第一,根据等含量规则,当 PQ 平行于底边时,这条线上对应顶点的组分含量比例不变,其他两组分的含量比例发生变化,这条线被称为对应顶点的"资源线"。资源线能够显示出每种资源流的恒定数值。这些线分别平行于三角形各边,对分析和比较产品或生产过程中各种资源的使用情况非常有用。如图 3-11 所示,该三元相图中标出了三类资源线:R 资源线、F 资源线和 N 资源线。A、B 两个相位点的外界输入能值 F 在各自的总能值投入中占比相同,皆为 0.2,两者位于同一条 F 资源线上。但是 A 和 B 两个相位点不在同一条 R 资源线和同一条 N 资源线上。A 相位点的 R 占比为 0.72,高于 B 相位点的 R 占比(0.55);而 A 点的 N 含量占比(0.08)小于 B 点的 N 含量占比(0.25)。

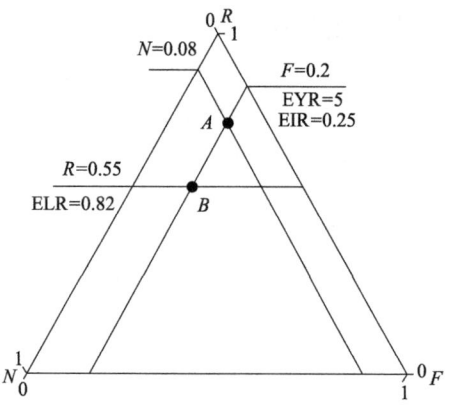

图 3-11　能值三元相图的应用（资源线）

根据能值生产率（EYR）、环境负载率（ELR）和能值投资率（emergy investment ratio，EIR）三个指标的定义可知，EYR 和 EIR 能够用 F 表示出来：

$$\text{EYR} = \frac{1}{F} \quad (3\text{-}6)$$

$$\text{EIR} = \frac{F}{1-F} \quad (3\text{-}7)$$

因此平行于 RN 的 F 资源线也可以表示这两个指标的数值。图 3-11 中的 $F=0.2$ 的资源线对应的就是 EYR=5、EIR=0.25。

同样地，环境负载率 ELR 可以在 R 资源线上用可更新能值表示出来：

$$\text{ELR} = \frac{1-R}{R} \quad (3\text{-}8)$$

图 3-11 中的 $R=0.55$ 的资源线对应的就是 ELR=0.82 的环境负载情况。

由此来看，根据三元相图中的资源线及其附属信息，首先我们能够判定生态经济活动中 R、N 和 F 的能值投入结构系数。通过它们的结构系数变化，可以分析经济活动中的资源配置状况是否发生了变化以及发生了哪些变化。其次，通过 EIR、EYR 和 ELR，我们可以判定生态经济活动获取的效益、生态环境所受到的压力状况以及这些压力来自何处。

ELR 的值较小（一般低于 2）反映了较低的环境影响或者生产过程有一个较大的空间来降解它们的总体影响。当 ELR>10 时，这意味着环境承载压力非常高；当 3<ELR<10 时，环境影响中等。当 ELR 特别高时，不可更新资源投入或从外界购买性投入占大比重的情况反映了当地可更新资源的提供不足以支撑当地的发展需要。在图 3-11 中，A 和 B 的经济投入相似，但是它们的 R 和 N 投入数量存在显著差异。A 点的 ELR（0.39）要明显小于 B 的 ELR（0.82），也就是说 A 点生产过程中生态环境所受到的压力状况明显好于 B 点。

EYR 反映了整个生产过程中的经济反馈能值投入效率。当该值较大时，说明单位经济能值投入的收益较好；反之，经济能值投入占比过高，经济效率低下，不利于生态经济系统的持续发展。EIR 反映了 R 和 N 承受的经济投入能值强度。EIR 越大，表明人为影响生态经济系统发展的程度越深刻，经济活动越增加生态环境的负担，这在一定程度上也反映了经济能值投入可能存在浪费现象。

第二，根据三元相图的杠杆规则可知，在三角形内分别以 P 和 Q 表示两种不同的混合物，它们混合得到的新的组成以 X 表示的相位点将会落在 PQ 线段上。Giannetti 等将 X 点称为"合成点"（sinergic point）[47]。它描述了一个以上的产品或过程融合在一起而生成的新相位点，这个点能够被用来确定整个部门或产品集合的特征（图 3-12）。将相图的特征和绘图工具结合在一起，三元相图中的结构点的位置能够帮助我们很快判断一个部门或行业对生态环境产生的影响状况。

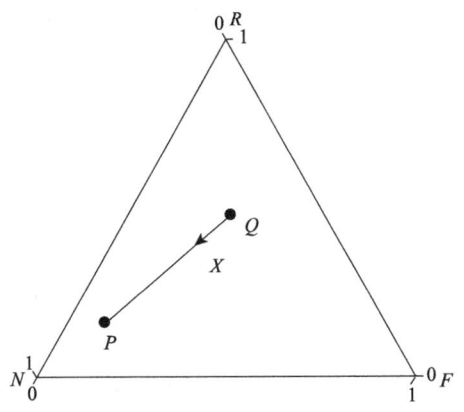

图 3-12 能值三元相图的应用（合成点）

第三，根据三元相图的定比例规则，过其中一点连接顶点及其对边的直线具有重要含义。沿着这条直线的任意一点代表着这样一种组合：当 N 从点 A 滑动到点 B，其所占比例逐渐减小，但是 R 和 F 的含量比例关系保持不变（图 3-13）。因此，如果希望一个系统中点 A 所表示的 N 所占比例有所减少，我们只需要做的是从其顶点通过点 A 做一条直线即可。任何一个在原有的组合上增加或减少 N 所占比例形成的新的三元系统所表示的点都落在这些点所组成的直线上，这条直线被称为"敏感线"。

根据敏感线，可以很容易地追踪一个既定资源流变动所带来的其他两类资源流变动的轨迹。这条线上的任意一点代表了这样一种状态：另外两种资源流一直保持着初始时期的比例关系。这类分析对于模拟处于管理之中的系统资源流的变化状况特别有用。如图 3-13 所示，相位点由 A 点移动到 B 点，F 由 0.07 增加到

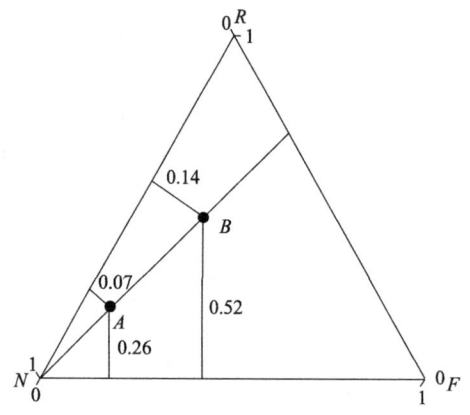

图 3-13 能值三元相图的应用（敏感线）

0.14，R 由 0.26 增加到 0.52，虽然两者的比例都增加了，但是 $F:R$ 没有发生变化，其比值一直为 0.27。当然，在此过程中，N 的比例由 0.67 下降到 0.34。三元相图的这一特点告诉我们，如果要保持 $F:R$ 的比例不变，沿着 N 敏感线的方向改变 N 的投入比例即可。

第四，我们可以将能值可持续指数 SI 相同的相点连接起来形成多条曲线。这些曲线被称为可持续性线。可持续性线由顶点 N 出发并相交于对边 RF，这些线将三角形内部划分为不同的可持续发展水平区域（图 3-14）。这非常有助于确定和对比分析生态经济系统的可持续发展水平。当 SI<1 时，生态经济系统的发展在长期内是不可持续的（如图 3-14 中的 A 点）；当 1<SI<5 时，生态经济系统发展状态较好，基本实现了可持续发展（如图 3-14 中的 B 点）；而当 SI>5 时，生态经济系统处于良性发展状态，在长期内实现了可持续发展（如图 3-14 中的 C 点）。

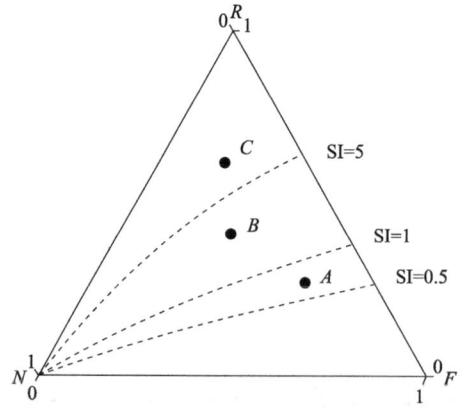

图 3-14 能值三元相图的应用（可持续性线）

三、讨论

基于能值核算及能值指标的三元相图提供了一个较好的理解既定输入各组分的真实贡献情况的方法，方便我们对生产过程的差异性进行评估并排序。这不仅有助于我们评估一个既定过程的实际状态，而且有助于我们识别那些能够被改变的关键参数，以改善整个系统的环境绩效。

三元相图的特征，尤其是敏感线与结构点对基于能值的分析进行了重要补充，根据驱动力的变化，允许运用定义明确的可持续发展指标来监测生态经济系统的运行状态和预测生态经济系统的发展趋势。应用敏感线，我们能够评估一个过程，识别主要的驱动因素来改善系统发展的可持续性，减少环境压力，评估经济投资的需要或者投入的调整等。这有助于追踪任何经济行为或者技术变化所产生的效果。比如，相图所表示的产品、生产过程或者区域特征的资源流，能够反映出单个参数的变化所引起生态经济系统的变化情况；再比如，利用某种技术治理废弃物的能值能够被核算出来，这将引起相图内部的相位点的位置发生移动。类似地，如果环境服务被用来处理这些废弃物，生产过程绩效就变得更加依赖时间和空间的变化。当免费的环境服务被核算时，相图中相位点的位移也能够被关注到，以体现出在考虑环境价值下的生态经济系统的真实发展状况。

借助合成点，我们能够考察一个产业部门中每一个要素的生产能力在整个生态经济系统中的作用及其扮演的角色。确定发展目标后，我们就可以根据这个理论在三元相图中找寻实现这个目标的相位点位置，以及新相位点与现有相位点的关系，从而帮助我们采取相应措施来实现这个目标。

能值相图方法有助于能值研究者和政策制定者之间进行良好沟通。借助资源线、敏感线、结构点及可持续线等分析工具，基于三元相图方法的分析对研究对象的描述更加具体、形象，增强了研究过程和所得结论的解释效果。在涉及可持续问题的决策支持过程中，政府和社会将拥有一个强有力的工具来制定政策，并选择考虑环境问题的替代方案。这有助于模拟出实现可持续发展的最优替代方案，并分析其可能的结果。

第四章 山东省海洋生态经济系统可持续发展能值相图分析

第一节 海洋能值计算范围界定

海洋生态经济系统是由海洋生态系统、经济系统和社会系统组成的。因此，在对该系统进行能值分析时，能值输入端既包括研究系统之外的输入能值，又要包括系统之内的输入能值。系统外输入能值和系统内输入能值既包括自然资源能值和经济资源能值，也包括人力资本能值。另外，还要考虑经济活动产生的废弃物（主要考虑废水和固体废弃物）排放输入能值。海洋生态经济系统的输出能值也应该包括三个方面的输出能值：生态系统服务功能能值、经济产出能值及人力资本再生能值。要说明的是，生态系统服务能值和经济产出能值以及人力资本再生能值可以用 GDP 来近似表示。这是因为，目前的 GDP 指标是一个没有扣除资源环境代价的宏观经济指标。也就是说，其含义中不仅包括企业的经济利润、劳动者劳动力和人力资本再生的报酬，还应该包括保证生态系统再生产的报酬。因此，传统的 GDP 核算理念因为没有考虑生态环境的补偿问题，造成经济发展的表面虚高，即以牺牲生态环境的再生产补偿为代价。这也是国内外开展绿色 GDP（green GDP）核算的重要出发点。另外，由于 GDP 没有包含生态系统提供的生态系统服务价值，目前有关生态 GDP（ecological gross domestic product，Eco-GDP）、生态系统生产总值（gross ecosystem product，GEP）等的研究也引起研究者和管理者的注意[73,74]。

关于海洋能值的计算与分析，国内具有代表性的研究成果主要有以下三类：整体分析我国海洋生态经济系统的能值情况[75]；分析我国某一沿海行政区的海洋生态经济系统的可持续发展情况[76,77]；就某一特定生产领域的能值情况进行分析[78]。已有研究成果对于客观了解我国海洋生态经济系统的可持续发展状况具有比较重要的参考价值。不过在实际分析过程中，已有研究也存在以下不足：第一，海洋生态经济系统是由海洋生态系统、海洋经济系统和海洋社会系统相互作用、相互交织、相互渗透而构成的具有一定结构和功能的特殊复合系统[53]，因此，在考虑海洋生态经济系统的输入能值时，不仅要包括海洋生态系统的输入能值，还应该包括海洋经济系统和海洋社会系统的输入能值。但是已有研究在计算输入能值时很少考虑经济资本（如机械动力等）和人力资本或劳务的能值输入等。第二，没有考虑海洋生态经济系统是一个开放的系统，忽略了能值进口和能值出口项目的计算。第三，按照 Odum 等的研究，为了避免重复计算，取太阳能、风能、雨水化学能等项目中最大一项的能值计入可更新资源，但是不少文献的作者显然忽略了这一点。第四，如果从海洋石油、天然气和海洋矿物等是地质年代形成的产物的角度看，将这三类资源当作海洋生态环境的资源储备投入比较有道理，但是如果将海洋电力等项目也作为海洋生态经济系统的投入不仅涉及重复计算问题，而且存在将产出项当作投入项的问题。鉴于此，本书添加或调整了这些统计项目，同时对 2006~2015 年山东省海洋生态经济系统发展状况进行动态演化分析。

本书的研究区域范围为山东省附近海域。海域面积以《山东省海洋功能区划（2011—2020 年）》中公布的数据为准。这与已有研究中包含沿海省份陆域面积存在差别，因此，本书中更加突出了海洋生态经济系统方面的物质、能量等方面的流动情况，分析结果更加体现海洋生态经济系统发展的趋势。图 4-1 表示了其能值流动情况。

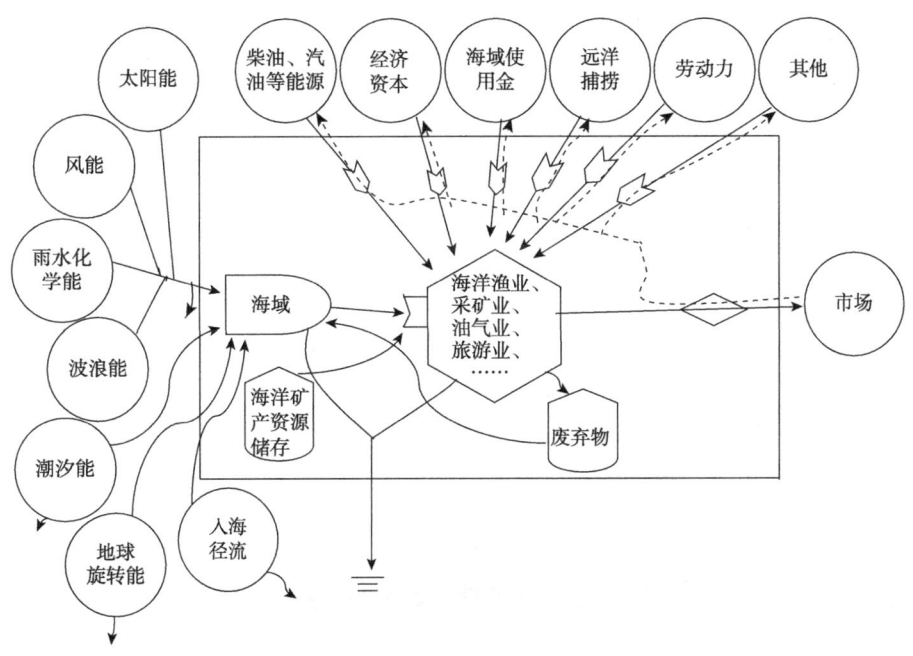

图 4-1　海洋生态经济系统能值流动

第二节 数据来源与计算方法

一、数据来源

数据来源于历年的《中国海洋统计年鉴》《中国海洋经济统计公报》《中国海洋环境状况公报》《中国渔业统计年鉴》《山东统计年鉴》《山东渔业统计年鉴》《中国统计年鉴》等政府公开出版的数据资料以及《山东省海洋功能区划（2011—2020年）》等政府公布的区划和规划等；公开发表的研究论文中相关数据；补充调查数据；计算所得数据。

二、原始数据的获取与计算方法

（一）海洋生态系统的原始数据获取与计算方法

太阳能=海域面积（m^2）×太阳能年水平面总辐射量（$5.65×10^9 J/m^2/a$）。

风能=高度（m）×密度（$1.233 kg/m^3$）×涡流扩散系数（m^2/s）×风速梯度（s/a）×海域面积（m^2）。在实际计算中，参考了文献[58，75，78]中的相关数据。

雨水化学能=海域面积（m^2）×年平均降水量（m/a）×雨水密度（$1×10^6 g/m^3$）×吉布斯自由能（4.94J/g）。

入海地表径流化学能=入海径流量（cm^3）×径流密度（$0.99985 g/cm^3$）×吉布斯自由能（4.94J/g）。

海浪能=海岸线长度（m）×密度（kg/m^3）×重力加速度（$9.8 m/s^2$）×浪高^2（m^2）×速率（m/s）×（$3.154×10^7 s/a$）。

潮汐能=面积（m^2）×0.5×潮汐次数（706/a）×潮高^2（m^2）×水密度（$1.025 kg/m^3$）×重力加速度（$9.8 m/s^2$）。

地球旋转能=海域面积（m^2）×热通量（$1×10^6 J/m^2/a$）。

海洋生态经济系统存储库提供的石油、天然气、矿砂等数据来自历年的《中国海洋统计年鉴》[79]。各种能源发热量系数来自《综合能耗计算通则》（GB/T 2589—2008）[80]。

(二)经济社会的经济生产相关数据的获取与计算方法

能源消耗：因为没有专门针对海洋经济活动的能源消耗量统计数据，这里根据以下公式估算汽油、柴油、燃料油、电力等能源消耗量：能源消耗量=全省能源消耗量×（海洋生产总值/地区生产总值）×能源发热量系数。

经济资本服务流：固定资本等在海洋生态经济发展中投入的数量。运用永续盘存法估算出全省的固定资本存量，然后计算出历年的固定资本折旧：经济资本服务流=资本服务流系数×固定资本存量×（海洋生产总值/地区生产总值），其中固定资本存量=当年固定资本投入+（1-固定资本折旧率）×上一年固定资本存量。

海域使用金：国家以海域所有者身份依法出让海域使用权，而向取得海域使用权的单位和个人收取的权利金，数据取自历年的《中国海洋统计年鉴》。

废弃物排放：进入海洋生态系统的废弃物有陆源排放和海洋生产活动排放两类。陆源污染物排放主要计算废水排放入海量。陆源废水的计算是统计沿海各市的污水排放入海量。海洋生产活动废弃物排放主要考虑养殖废弃物排放、捕捞废弃物排放和海洋石油勘探开发排放等。养殖废弃物排放主要考虑了污油、生活污水、固体生活垃圾和富营养物质（P）的排放，捕捞废弃物排放主要考虑污油、生活污水、固体生活垃圾的排放。污油排放系数（2.5 kg/t）、生活污水排放系数（1.5 t/人）、固体生活垃圾排放系数（0.28 t/人）和富营养物质（P）排放系数（48.4 kg/t）根据徐皓等的调查数据计算所得[81]。海洋石油勘探开发排放量包括生产污水、机舱污水、生活污水、生活垃圾，这部分数据可以从历年的《中国海洋统计年鉴》获得。

劳动力投入数量：来自《中国海洋统计年鉴》中的海洋经济活动中的就业人数。

第三节 海洋生态经济系统的能值分析

根据上述计算方法以及获得数据的实际情况，我们计算出2006~2015年山东省海洋生态经济系统的能值投入情况（表4-1和表4-2）。表4-1是以2015年为例的详细计算列表，表4-2是2006~2015年的能值投入汇总表。要说明的是，可更新环境能值中的风能、雨水化学能是由太阳能和地球旋转能所派生出的能量，为了避免重复计算，只计算了能值投入量最大的雨水化学能[68]。不可更新资源中，按照Vassallo等的观点[82]，将远洋捕捞的水产品作为界外输入的生物资源列入计算；废弃物投入需要消耗海洋生态经济系统的净化能力，在海洋生态环境系统面临严重污染和功能退化问题的情况下,这可以看作海洋生态经济系统提供的环境净化能力输入。

表4-1 山东省海洋生态经济系统能值投入(2015年)

投入类别		原始数据	能值转换率/(sej/J)	能值/sej	备注
可更新自然资源	1 太阳能	$9.01×10^{20}$ J	1.00	$9.01×10^{20}$	
	2 风能	$1.24×10^{18}$ J	$1.50×10^{3}$	$1.86×10^{21}$	
	3 雨水化学能	$4.89×10^{17}$ J	$1.82×10^{4}$	$8.91×10^{21}$	
	4 波浪能	$5.72×10^{16}$ J	$2.59×10^{4}$	$1.48×10^{21}$	
	5 潮汐能	$4.85×10^{18}$ J	$1.68×10^{4}$	$8.17×10^{22}$	
	6 地球旋转能	$1.60×10^{17}$ J	$2.90×10^{4}$	$4.63×10^{21}$	
	7 入海径流化学能	$7.41×10^{16}$ J	$4.85×10^{4}$	$3.59×10^{21}$	
	8 小计			$9.88×10^{22}$	第3、5、6、7项之和
不可更新资源投入	9 海洋石油	$1.29×10^{17}$ t	$5.40×10^{4}$	$6.98×10^{21}$	
	10 海洋天然气	$4.55×10^{15}$ t	$4.80×10^{4}$	$2.18×10^{20}$	
	11 矿物	$1.33×10^{13}$ t	$1.00×10^{9}$	$1.33×10^{22}$	
	12 远洋捕捞	$2.53×10^{15}$ t	$2.00×10^{9}$	$5.07×10^{21}$	
	13 废弃物	$1.17×10^{16}$ t	$6.66×10^{5}$	$7.92×10^{21}$	
		$4.44×10^{13}$ t	$1.80×10^{6}$	$7.99×10^{19}$	
		$1.20×10^{12}$ t	$6.60×10^{4}$	$7.92×10^{16}$	
		$2.98×10^{9}$ t	$1.78×10^{7}$	$5.30×10^{16}$	
	14 小计			$3.35×10^{22}$	第9~13项之和
经济系统投入	15 能源消耗	$8.02×10^{18}$ ¥		$8.34×10^{22}$	第16~20项之和
	16 燃料油	$2.63×10^{17}$ ¥	$5.40×10^{4}$	$1.42×10^{22}$	
	17 汽油	$6.05×10^{16}$ ¥	$6.60×10^{4}$	$3.99×10^{21}$	
	18 煤油	$8.21×10^{15}$ ¥	$6.60×10^{4}$	$5.42×10^{20}$	
	19 柴油	$1.10×10^{17}$ ¥	$6.60×10^{4}$	$7.27×10^{21}$	
	20 电能	$3.61×10^{17}$ ¥	$1.59×10^{5}$	$5.74×10^{22}$	
	21 资本服务流	$1.95×10^{11}$ ¥	$8.48×10^{11}$	$1.66×10^{23}$	
	22 海域使用金	$1.25×10^{9}$ ¥	$8.48×10^{11}$	$1.06×10^{21}$	
	23 渔业种苗	$3.01×10^{9}$ ¥	$8.48×10^{11}$	$2.55×10^{21}$	
	24 小计			$2.53×10^{23}$	第15、21~23项之和
社会系统投入	25 劳动力	$1.46×10^{16}$ ¥	$1.00×10^{7}$	$1.46×10^{23}$	
	26 小计			$1.46×10^{23}$	
	27 总计			$5.31×10^{23}$	第8、14、24、26项之和

注:废弃物项依次为废水输入、固废输入、油污和富营养物质,能值转化率取自文献[69]~[71]。

表4-2 山东省海洋生态经济系统能值投入（2006~2015年）（单位：×10²³sej）

类别	2006年	2007年	2008年	2009年	2010年	2011年	2012年	2013年	2014年	2015年
R	0.99	1.08	1.04	1.00	1.04	1.04	1.05	1.05	0.98	0.99
N	0.10	0.11	0.15	0.16	0.18	0.23	0.25	0.29	0.33	0.34
F	1.93	2.09	2.13	2.39	2.73	2.78	2.97	3.21	3.60	3.98
合计	3.02	3.28	3.32	3.55	3.94	4.06	4.27	4.55	4.91	5.31

注：R为可更新自然资源投入，N为不可更新资源投入，F为经济社会系统投入

一、能值投入的总体分析

由表4-2和图4-2可知，2006~2015年，山东省海洋生态经济系统能值总投入不断增加，由2006年的3.02×10²³sej增长到2015年的5.31×10²³sej，增长了75.56%，年均增长6.45%[①]。能值输入数量的增加为经济规模的不断扩大提供了物质基础。具体到可更新自然资源、不可更新自然资源和经济社会反馈能值输入，三类能值输入差别比较大。

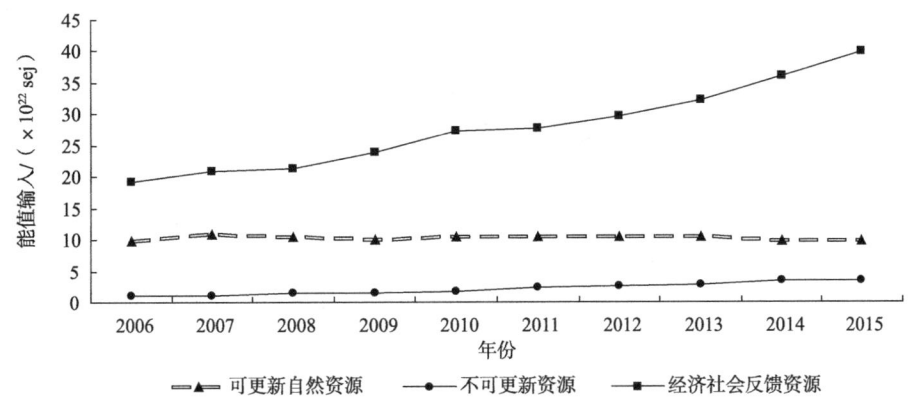

图4-2 山东省海洋生态经济系统能值输入

可更新自然资源在2006~2015年的多数年份基本上稳定在1.04×10²³sej左右，但是2015年可更新自然资源下降到9.88×10²²sej，略低于2006年的9.89×10²²sej。这主要是由山东省沿海地区入海径流量和降水量在期间明显下降引起的：2015年山东省入海径流量仅为150.0亿m³，不到2013年入海径流量（342.46亿m³）的50%。

不可更新资源的输入数量不断增加，其所占总输入能值的比例也呈现逐年增加趋势。2006年不可更新资源的能值输入量为1.07×10²²sej，2015年增加到

[①] 增长率数值是根据四舍五入前的绝对数值计算的，与四舍五入后计算的增长率数值可能存在较小偏差。以下同。

$3.34×10^{22}$sej，增加了 2.13 倍，年均增长 13.52%。

在 2006~2015 年，经济社会反馈能值输入数量占总输入能值的比例最大，并且呈现明显的增加趋势，这与可更新自然资源的输入数量变化明显不同。2006 年经济社会反馈能值的数量为 $1.93×10^{23}$sej，占总输入能值的 63.75%；2015 年经济社会输入能值增加到 $3.98×10^{23}$sej，占总输入能值的比例增加到 75.07%，年均增加 8.40%。这说明，经济社会活动对海洋生态经济系统的干涉和影响越发明显和深刻。在经济社会反馈能值的组成中，劳务输入能值所占的比重最高，年均为 48.88%；经济资本服务流输入占比次之，年均为 31.82%；能源消耗输入占比位居第三，年均为 18.44%。

二、海洋生态经济发展相关指标的分析

（一）能值密度

2006~2015 年，山东省海洋生态经济系统的总能值密度呈现较大幅度的上升，由 2006 年的 $1.90×10^{12}$sej/m^2 增长到 2015 年的 $3.33×10^{12}$sej/m^2，年均增长 6.45%（图 4-3）。如果将可再生自然资源的能值输入称为海洋生态经济系统承载力，将不可再生资源和经济社会反馈能值输入称为海洋生态经济系统压力，则分别计算的两类输入能值密度变化的结果表明，增加海洋生态经济系统承载力的能值密度（简称增加承载力的能值密度）由 2006 年的 $6.20×10^{11}$sej/m^2 逐渐增加到 2013 年的 $6.61×10^{11}$sej/m^2。2015 年因为入海径流量的急剧下降，当年增加海洋生态经济系统承载力的能值密度下降到 $6.19×10^{11}$sej/m^2。增加海洋生态系统压力的能值密度（简称增加环境压力的能值密度）与增加承载力的能值密度变化趋势截然不同：2006 年增加环境压力的能值密度为 $1.27×10^{12}$sej/m^2，2015 年则增加到 $2.71×10^{12}$sej/m^2，年均增长率为 8.73%。这表明在发展海洋经济的过程中，海洋生态系统承受的压力越来越大。要说明的是，这是计算的分摊到整个海洋生态系统上的平均能值密度。可以想象，因为许多海洋经济活动集中在特定的海域，在这个集中区域内的增加环境压力的能值密度明显高于全海域的增加环境压力平均能值密度，如海洋养殖区、石油开采区等。如果这种压力长期集中在一定海域内，就会对海洋生态环境的质量产生不良影响。这在一定程度上也解释了近岸海域水体污染、海洋生产能力下降等现象。

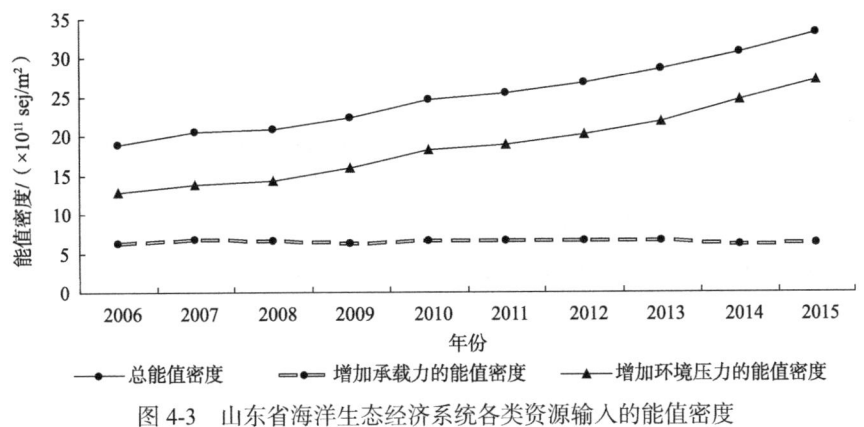

图 4-3　山东省海洋生态经济系统各类资源输入的能值密度

（二）环境负载率

山东省海洋生态经济系统的环境负载率在 2006~2015 年增加非常明显（图 4-4）。2006 年海洋生态经济系统的环境负载率为 2.06，2015 年增加到 4.37，海洋环境的压力增加了 1 倍还要多。这反映了山东省在开发利用海洋，发展海洋经济的过程中对海洋生态经济系统产生的压力越来越大。这对于实现海洋生态经济系统的可持续发展非常不利。

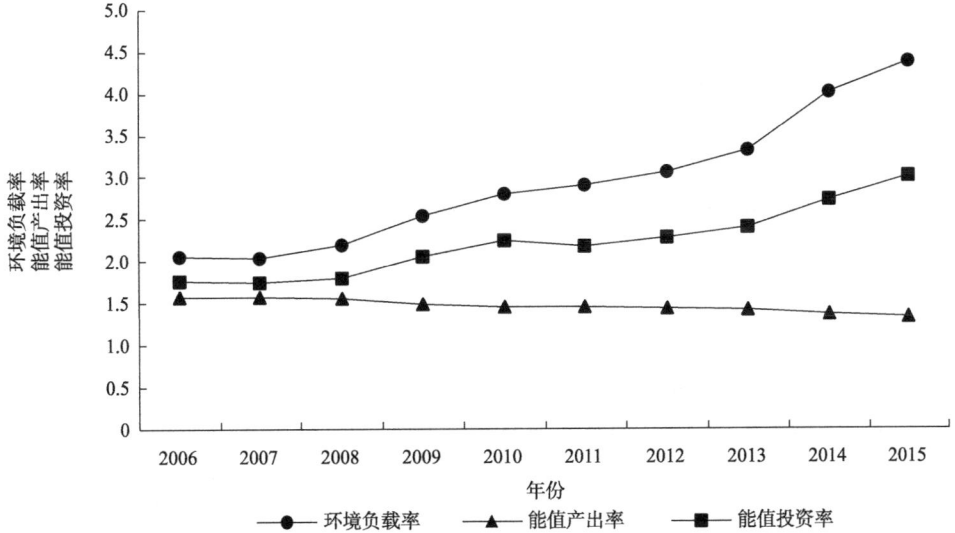

图 4-4　山东省海洋生态经济系统的环境负载率、能值产出率和能值投资率

(三)能值产出率

能值产出率是指总产出能值与经济社会反馈能值的比率,反映了经济社会反馈能值的单位产出情况。由图 4-4 可知,2006~2015 年,山东省的经济社会反馈能值投入的产出率下降比较明显,由 2006 年的 1.57 下降到 2015 年的 1.33,这表明虽然山东省海洋经济社会系统对海洋生态系统的能值投入大幅度增加,但是其产出效率有所下降。

(四)能值投资率

能值投资率是指经济社会反馈能值与海洋自然资源投入能值的比值。由表 4-2 可知,山东省海洋生态经济系统中,经济社会反馈能值投入的增长速度远大于海洋生态系统的自然资源投资能值的增长速度,这导致能值投资率在这十年间不断增加。由图 4-4 可知,山东省能值投资率在 2006 年为 1.76,2015 年增长到 3.01,增加幅度为 71.25%,年均增加 6.16%。由于经济社会反馈能值组成中有一部分投入(如海洋行政管理人员投入和鱼苗投入)有助于海洋生态系统再生产能力的维持和正常运转,这部分反馈能值与海洋自然资源投入能值的比例越大,越有利于海洋生态经济系统的良性发展,否则将会使海洋生态系统面临自然资源的过度开发,最终导致实现可持续发展面临越来越大的压力。

(五)可持续发展指数

可持续发展指数是能值产出率与环境负载率的比值,它将系统的产出能力与系统面临的环境压力结合在一起,在一定程度上反映了生态经济系统的可持续运行状况。数值越大,表明这个系统的可持续性发展能力越强;反之,数值越小,表明这个系统的可持续性发展能力越弱。当可持续发展指数小于 1 时,表明这个生态经济系统的生产过程以资源的消耗为主,环境负载率比较大,属于消费型经济类型;当可持续发展指数大于 1,表明生态经济系统的经济生产效率大于环境负载率,数值越高,环境负载率相对越小,资源的开发潜力越大。

图 4-5 计算了两类可持续发展指数。可持续发展指数 1(SI_1)是按照 Odum 的定义,即根据物质能量守恒定律,总能值投入等于总能值产出,然后用总能值投入量代替总产出能值量计算的可持续发展指数。但是在现实中,统计的投入能值与有效产出能值往往不一致,当遗漏了投入占比较小的能值输入项或者在生产过程中的技术进步或者规模递增效应等,可能使得有效产出能值量小于或者高于

总投入能值量。在这种情况下，用实际的产出能值计算的可持续发展指数 2（SI_2）就与可持续发展指数 1（SI_1）存在差异。由图 4-5 可知，SI_1 和 SI_2 确实存在较大差异。但是两者都呈现出持续下降的趋势。SI_1 从 2006 年的 0.76 下降到 2015 年的 0.30；SI_2 从 2006 年的 0.79 下降到 2015 年的 0.50。

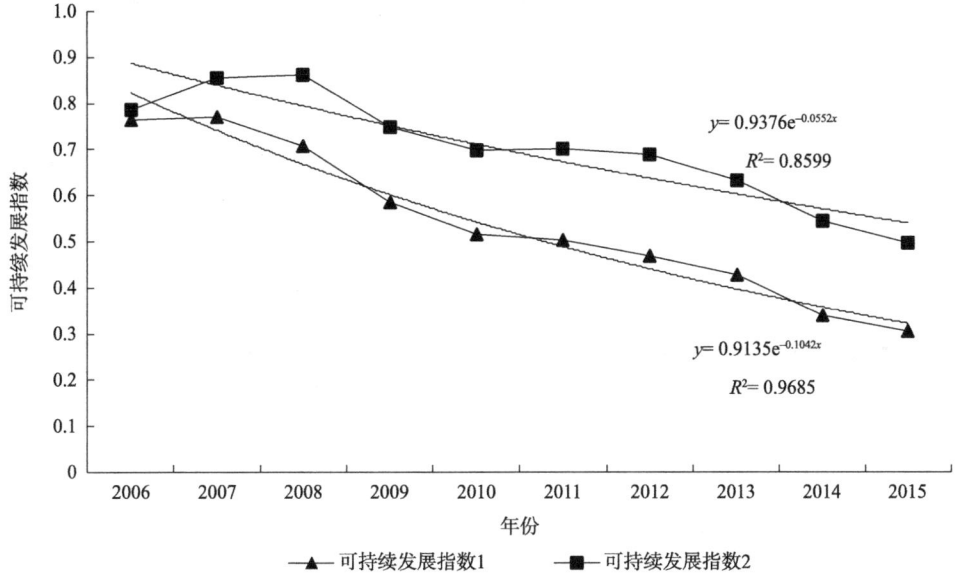

图 4-5　山东省海洋生态经济系统可持续发展指数

从式（4-1）中可以推导出 SI_1 和 SI_2 之间的内在关系：

$$SI_2 = \frac{Y}{F} \Big/ \frac{F+N}{R}$$

$$= \frac{Y/T}{F/T} \Big/ \frac{(F+N)/T}{R/T}$$

$$= \frac{Y}{T} \times (\frac{1}{f} \Big/ \frac{1-r}{r}) \quad (4\text{-}1)$$

$$= \frac{Y}{T} \times SI_1$$

$$= q \times SI_1$$

从式（4-1）中可以看出，SI_1 乘以一个修正系数（q）就可以得到 SI_2。这个修正系数为总产出与总投入的比值。当总产出能值等于总投入能值时，SI_2 就等于 SI_1。这个修正系数也说明了生产的效率大小问题：当修正系数大于 1 时，数值越大，产出效率越高；反之，当修正系数小于 1 时，数值越小，产出效率越低。计算结果表明，2006~2015 年，该修正系数从 1.03 增加到 1.63。这说明该生态经济系统的能值产出效率越来越高。

第四节 海洋生态经济能值相图分析

根据第三章阐述的能值相图构建理论以及本章第三节计算的山东省海洋生态经济系统能值分析结果,我们构建山东省海洋生态经济系统能值相图模型,分析该生态经济系统的资源线、敏感线、可持续性线等指标,全面了解山东省海洋生态经济系统中的能值流向、流速等特点,为实现该系统的可持续发展提供有益信息。

一、海洋生态经济系统能值相图总体描述

图4-6为山东省海洋生态经济系统的资源输入与结构变化的三元能值相图。由图4-6可知,海洋生态经济系统的可更新自然资源(R)、不可更新自然资源(N)和经济社会反馈能值(F)的投入关系存在明显差别,并且在2006~2015年均发生了明显变化。图中的箭头方向代表了海洋生态经济系统输入能值的比例变化关系走向,即经济社会反馈能值(F)占比基本呈不断增加、可更新自然资源(R)占比基本呈不断下降、不可更新资源(N)占比有所增加的趋势。

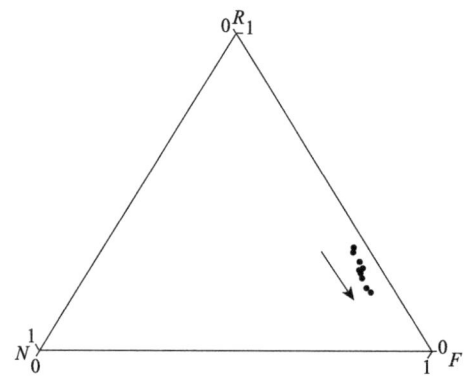

图4-6 山东省海洋生态经济系统能值相图

表4-3中的数据非常清楚地反映了F、R、N的变化特点。由表4-3可知,山东省海洋生态经济系统的可更新自然资源能值投入占比由2006年的32.73%下降到2015年的18.62%,约下降了14个百分点;经济社会反馈能值投入占比

由 2006 年的 63.75%上升到 2015 年的 75.07%，约增加了 11 个百分点；不可再生资源的能值输入占比虽然由 2006 年的 3.52%增加到 2015 年的 6.30%，但是因为 N 在总输入能值中的占比较小，2006~2015 年不可更新资源的相位点靠近 RF 线。F 占比的不断增加及 R 占比的不断下降导致各年份的相位点不断背离顶点 R 并向顶点 F 趋近。三元相图模型中相位点的变化趋势非常直观地反映了海洋生态经济系统再生产中的生态子系统、经济子系统和社会子系统能值输入结构及其变化特点，这为我们正确分析输入能值的数量、来源、比例及产生的后果等提供了非常有益的信息。

表4-3　山东省海洋生态经济系统能值投入占比（单位：%）

年份	F	R	N	年份	F	R	N
2006	63.75	32.73	3.52	2012	69.49	24.61	5.90
2007	63.65	32.90	3.45	2013	70.59	23.15	6.26
2008	64.27	31.25	4.48	2014	73.25	19.96	6.79
2009	67.36	28.27	4.37	2015	75.07	18.62	6.30
2010	69.16	26.33	4.50	平均	69.16	25.51	5.32
2011	68.62	25.61	5.77				

二、资源线

如前所述，资源线是平行于一条底边的线段。这条线段上的任意一点表示对应顶点的资源含量比例保持不变，但是随着相点在这条线段上的移动，另外两种资源的投入比例将会发生变化；资源线越靠近底边，对应顶点的资源投入占比越小。这对我们在进行资源配置时，根据既定的目标采取何种资源配置策略具有非常重要的参考价值。因为在本书中能值投入被分为可更新自然资源投入（R）、不可更新资源投入（N）和经济社会反馈投入（F），所以理论上说，三元相图中有 R 资源线、N 资源线和 F 资源线。它们分别反映了三者的投入在一方既定的情况下，另外两种资源的投入占比关系。

因为在图 4-6 中反映资源配置结构的相位点基本上逐年向右下方移动，所以在图 4-7 中仅分别标出了 2006 年和 2015 年的 R 资源线、N 资源线和 F 资源线。由 R 资源线可以看出，山东省海洋生态经济系统的可更新自然资源能值投入的比例在不断下降，2006 年为 0.33，2015 年下降到 0.19。相应地，环境负载率 ELR 由 2006 年的 2.06 增加到 2015 年的 4.37。这说明山东省海洋生态经济系统越来越多地依赖经济社会的反馈能值投入、海洋不可更新自然资源及净化越来越多的废弃物的能值投入。因此，随着人们对海洋生态环境的影响日益加深，海洋生态环境面临的压力不断增大，这对海洋生态经济系统的生物再生产能力产生的负面影响也在不断增大。

不可更新自然资源能值投入在十年间不断增加，2006 年 N 占比为 0.04，2015 年增加到 0.06。不可再生自然资源能值投入占比增加幅度小于可更新自然资源的投入占比下降幅度，这个结论可以很容易地从 2006 年的 N 资源线与 2015 年的 N 资源线间的较小距离差别上得到。这反映出开发海洋石油等海洋不可再生资源以及排放废弃物给海洋生态环境带来的压力不断增加，但是其增加程度远低于经济社会反馈能值投入的增加数量和幅度。

经济社会反馈能值投入占比在十年间不断增加。由 F 资源线可以看出，2006 年经济社会反馈能值投入占比为 0.64，2015 年增加到 0.75。这也说明，相对于 N 能值投入来说，F 能值投入是增加海洋生态环境压力的主要压力源。与 F 资源线相对应的能值投资率（EIR）和能值产出率（EYR）也反映出山东省海洋生态经济系统的人为影响程度不断加深。2006 年 EIR 和 EYR 分别为 1.76、1.57，2015 年这两个指标分别为 3.01、1.33。EIR 的增加说明经济社会投入不断增加，EYR 的不断下降则说明这种经济社会投入的边际产出不断下降，即产出效率不断下滑。这个事实反映了一个非常重要的政策启示：我们可以通过某种方法，或者某些方法的组合，不断提升海洋生态经济系统的能值产出率。

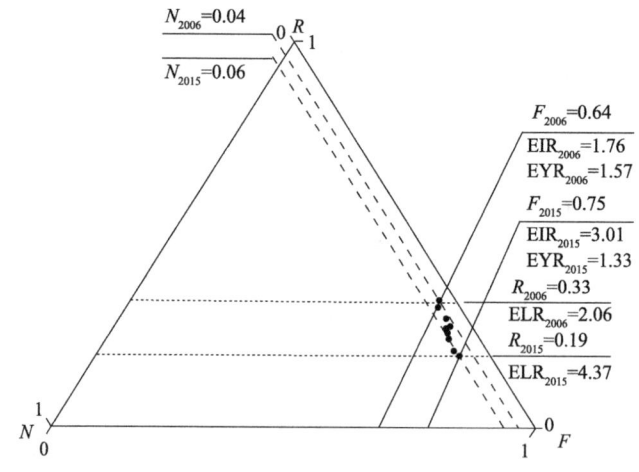

图 4-7 山东省海洋生态经济系统的资源线分析

三、敏感线

敏感线是相图中某一点与顶点的连线。敏感线的含义与资源线的含义截然不同：敏感线表示随着线上相位点由顶点向底边滑动时，该顶点代表的资源能值投入占比不断减少，而另外两种资源能值投入占比之和不断增加，但是这两种资源之间的投入比例保持不变；反之，敏感线上的相点由底边向顶点滑动，该顶点代表的资源能值投入占比不断增加，而另外两种资源能值投入占比之和不断减小，但是这两种资源之间的投入比例亦保持不变。敏感线的这一特点有助于分析某一资源沿着敏感线的发展路径所引起的另外两种资源投入组合的变动关系，这反映了变量之间的投入不是孤立的，而是相互影响的。例如，R 敏感线就反映了随着可更新自然资源投入比例的变化，经济社会反馈能值投入占比和净化废弃物的能值投入占比或同时增加或同时减小，但是两者之间的比例关系保持不变。这其实反映了经济社会生产与海洋不可再生资源和废弃物排放之间的密切关系：一般情况下，经济产出规模越大，需要投入的各类资源越多，废弃物产生得越多，需要处理废弃物的投入也就越多。根据敏感线的定义可知，在三元相图中，敏感线可以分为 R 敏感线、N 敏感线和 F 敏感线三类。

由图 4-8 可知，山东省海洋生态经济系统的 R 敏感线、N 敏感线和 F 敏感线具有比较大的差别。2006 年和 2015 年的 R 敏感线非常接近，这表明在 2006~2015 年，随着可更新自然资源能值投入占比的明显下降，不可更新自然资源能值投入和经济社会反馈能值投入占比都有所增加，并且两者之间的比例关系变化比较大。2006 年 F/N 为 18.09，2015 年 F/N 下降为 11.91。这一现象告诉我们，在 2006~2015 年，不可更新资源能值投入与经济社会反馈能值投入的发展线逐渐彼此偏离，不可更新资源投入对海洋生态环境产生的压力增加速度更快——虽然 N 占比比较小，但是以此速度发展下去，多年后不可更新自然资源在海洋生态经济系统中的作用将会大幅度增加。

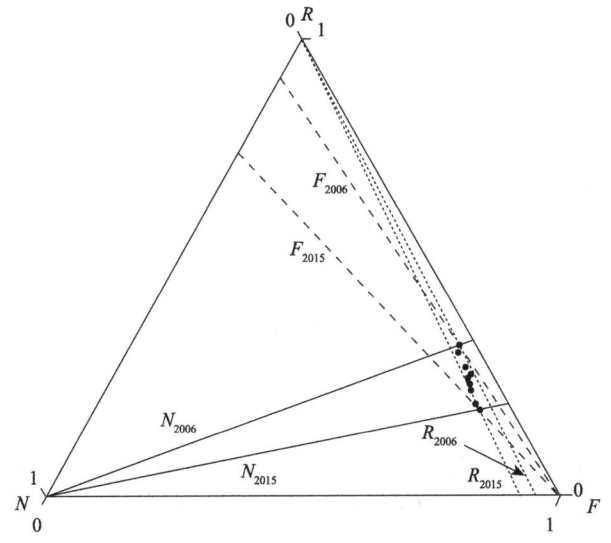

图 4-8　山东省海洋生态经济系统的敏感线分析

2006年的N敏感线与2015年的N敏感线偏离比较明显。这导致产生了以下替换效应：本可以沿着2006年N敏感线向顶点N移动同样距离（到RF边的距离）使N有所增加的情况下，较小地降低R和F的能值投入占比，实际上却因为其在2015年N敏感线上左移了同样的距离，使得F明显增加，其增加的数量就等于R进一步下降的数量比例。这一行为改变了三者之间原来的资源投入配置结构特点，进一步增大了环境负载率。有关资源敏感线变动替换效应的具体分析见本节"四、敏感线变动的替换效应"。

2006年的F敏感线与2015年的F敏感线偏离也比较明显。R资源投入占比下降，而N能值投入占比有所上升，最终导致R/N的比值发生了较大变化：由2006年的9.29下降到2015年的2.95。再考虑到F占比明显增加的事实，这也从一个侧面反映了山东省海洋生态经济系统面临着较大的环境压力。

四、敏感线变动的替换效应

替换效应是指某一敏感线变动引起的另外两类资源能值投入比例发生变化，导致两者此消彼长的现象。由敏感线的定义可知，当相位点沿着一条敏感线移动时，该敏感线顶点对应的资源占比增大或者减小，另外两类资源的投入占比之和相应减少或者增加，但是这两类资源投入占比的比值保持不变。也就是两类资源的投入占比将同时减少或者同时增加。但是由于敏感线发生变动，这两类资源占比的同方向变动规律就被打破了。一种资源占比的增加将会同时伴随着另一种资源占比的等量下降。这个变化量就被称为替换效应。

由各类敏感线变动引致的替换效应证明原理相似，我们选择海洋生态经济系统的N敏感线变动情况进行分析。为了方便进行说明，我们将图4-8简化为图4-9。过2015年相位点B作平行于RF边的平行线（即2015年的N资源线），交2006年的N敏感线于点A，然后过点A作2006年的F资源线。由敏感线的性质可知，A相位点是2006年相位点沿着2006年N敏感线向顶点N移动的结果，该相位点代表N资源投入比例增加，并且增加了$N_{2015}-N_{2006}=0.06-0.04=0.02$，$R$资源和$F$资源投入占比同时减少。可以计算出沿着2006年的敏感线相位点移动到A点时，R和F的占比分别为0.32、0.62。但是实际上，2015年的相位点为B点。从B点与A点的比较可以看出，2015年R的占比实际上减少了，而F的投入占比明显增加了。R减少的数值为图形中的线段AD，F增加的数值为图形中的线段BC，并且$AD=BC$。计算可知，A相位点移位至B相位点，导致R减少0.13，相应地F增加了这个比例。在此基础上，我们可以很容易计算出环境负载率的变化情况：当2006年的相位点移动到A点时，环境负载率由 2.06 增加到 2.16；当 2006 年的相位点在 2015 年移至 B 点时，环境负载率则由 2.06 增加至 4.37。由此来看，三者之间的投入结构变化未沿着 2006 年的 N 敏感线进行移动的一个结果就是可更新自然资源的投入占比明显下降，而经济社会反馈能值投入明显增加，从而导致环境负载率明显增加。这个分析结论告诉我们，2015 年山东省海洋生态经济系统的发展状况与 2006 年的发展状况相比，其资源使用配置趋于非合理化，如果我们结合可持续发展指数可知，这是一种不可持续的发展模式。因此，敏感线与资源线的配合使用可以帮助我们有效地判断各种资源投入的变动是否更合理，是否有利于实现海洋生态经济系统的可持续发展。这为评价相关政策的实施效果提供了很有用的信息。2006~2015 年山东省海洋生态经济系统能值相图中三类敏感线变动的替换效应见表 4-4。

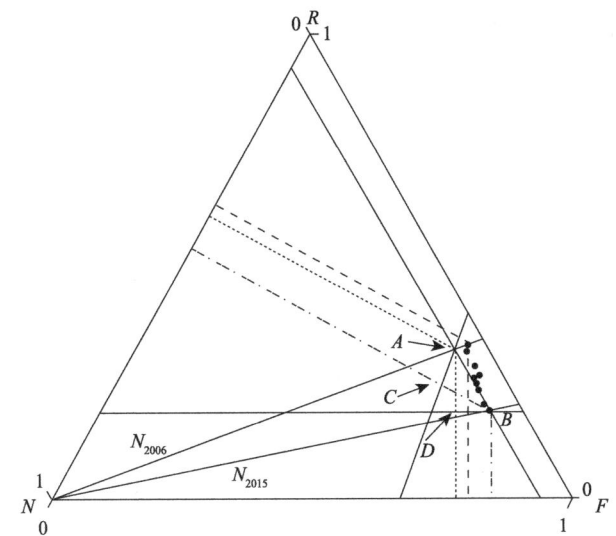

图 4-9 山东省海洋生态经济系统 N 敏感线变动的替换效应

表 4-4　2006~2015 年山东省海洋生态经济系统各类敏感线变动的替换效应及其后果

类别	R 敏感线	N 敏感线	F 敏感线
F	−0.02	0.13	0.11
R	−0.14	−0.13	−0.04
N	0.02	0.03	0.04
ELR	0	2.22	0.93

注：资源占比替换效应为负值，表明该类资源能值占比减少，相应的另外一类资源能值占比增加该数值；反之，则反。ELR 为正值，表明 2015 年的环境负载率在资源投入结构改变后有所增加；反之，则反

由表 4-4 可以发现一个特殊的现象，考察 R 敏感线变动时，F 和 N 之间有替代

效应但是 ELR 不存在变动效应。这是因为，R 资源相位点沿着 2006 年敏感线滑动到与 2015 年相位点处于同一水平线上时，虽然 F 和 N 之间仍然存在着替换效应，但是在 2006 年 R 敏感线上滑动的相位点和 2015 年 R 敏感线同一水平线上的相位点的 R 资源占比没有改变，即计算环境负载率的公式中分母（即 R 资源能值）没有发生变化，由式（3-8）可知环境负载率也就没有差别。这一现象告诉我们，当我们考察 R 敏感线时，不必考虑敏感线发生改变时导致的 ELR 的变化效应的大小问题，只需要考察 R 资源占比的变化就可以计算出考察年份的 ELR 与初始年的 ELR 的差别。但是另外两类敏感线的变动就不仅要考虑资源之间的替换效应，还应该考虑 ELR 的变动效应。这对指导我们如何改变海洋生态经济系统中各种资源输入比例，优化资源配置结构，实现海洋生态经济系统的可持续发展具有重要作用。

五、可持续性线

三元相图中的可持续发展指数相同点的连线就为可持续性线。可持续性线源于 N 点，相交于 RF 边。每一条可持续性线上的相位点的可持续发展指数相同，但是随着相位点离开 N 点，N 的比值逐渐减小，F 和 R 的比值逐渐增加。不同的可持续线将整个三元相图分割成不同的可持续发展状态区域（图 4-10）。

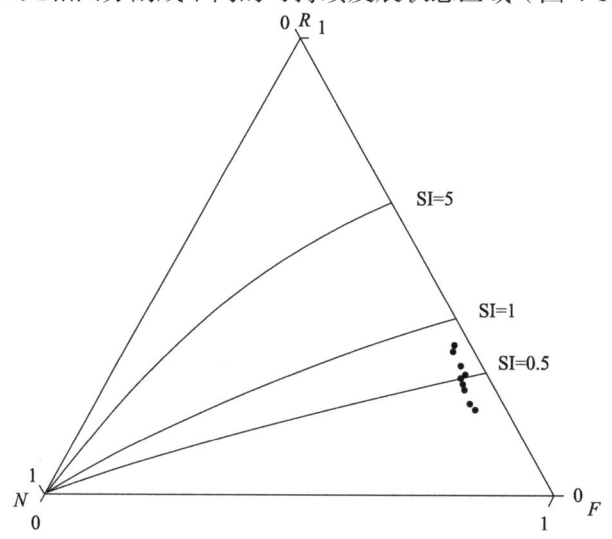

图 4-10　山东省海洋生态经济系统可持续性线

由图 4-10 可知，山东省海洋生态经济系统的可持续发展指数均在 1 以下，这说明海洋生态经济系统在生产过程中环境负载比较重，可再生自然资源的输入相对较少，经济社会反馈能值所占比重偏高，这不利于海洋生态经济生态系统的可持续发展。事实上，考察期山东省海洋生态经济系统面临的严重生态环境问题就是这种不可持续发展的外在表象。

六、考虑修正系数的可持续性线的变动

在第三节"二、海洋生态经济发展相关指标的分析"中，我们根据总输入能值与总产出能值的比较分别计算了可持续发展指数 1（SI_1）和可持续发展指数 2（SI_2），并且证明了 Odum 定义的 SI_1 与我们计算的 SI_2 之间的修正系数为总产出能值与总投入能值之比。图 4-10 中的三条可持续性线是按照 Odum 定义计算的可持续发展指数分别为 0.5、1、5 时的可持续线。如果我们根据修正系数对原来的可持续线进行调整，可以发现考虑修正系数的可持续性线具有如下特点：修正系数越大，可持续性线向顶点 F 移动幅度越大；反之，修正系数越小，可持续性线向顶点 R 移动幅度越大。如图 4-11 所示，修正系数大于 1 时，可持续发展指数为 1 的可持续性线在我们通常所用的可持续性线的下方；反之，当修正系数小于 1 时，可持续发展指数为 1 的可持续性线在我们通常所说的可持续性线的上方。这种由产出总能值与投入总能值之比的变动引致的等可持续性线位置的移动说明，生产效率越高，可持续发展的区域范围越大，不可持续发展的区域范围越小；同样的能值总投入以及各类资源的配置结构相同，但是由于技术水平等方面的差异，生产效率高的生产行为可能处于可持续发展状态之下，而生产效率低的生产行为则有可能处于不可持续发展状态之下。

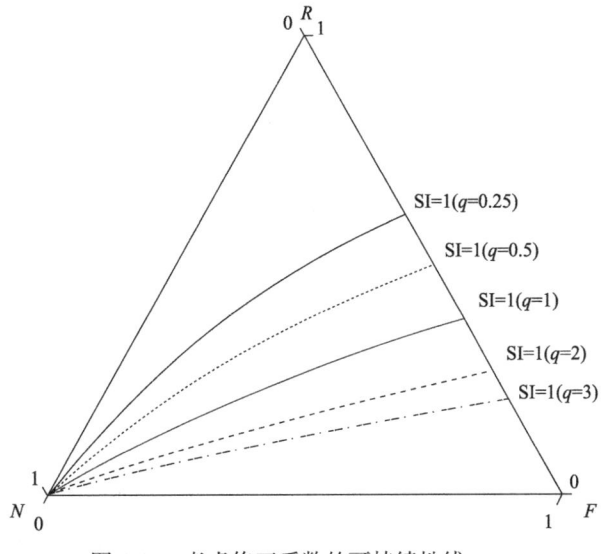

图 4-11 考虑修正系数的可持续性线

图 4-12 中标出了考虑修正系数的 2006 年和 2015 年的可持续发展指数为 1 的修正可持续性线。因为 2006 年和 2015 年修正系数分别为 1.03、1.63，所以这两年的可持续发展指数为 1 的修正可持续性线都在原可持续线的下方。根据判断可持续发展的标准来看，2006 年和 2015 年均处于不可持续发展的状态下。但是如果用 2015 年的海洋生态经济发展标准判断 2006 年的相位点，则发现其位于 2015 年可持续发展指数为 1 的修正可持续性线的上方。这告诉我们，如果 2006 年按照 2015 年的生产效率进行生产，其发展状态是可持续的，但是由于当年的生产效率较低，其实际的发展状态不可持续。这从一个方面反映出，在其他条件不变的情况下，生产效率的高低在很大程度上决定了发展的状态是否可持续。因此，在发展海洋经济的过程中，以创新为动力，追求科学技术的持续进步，不断提高生产效率，降低经济活动对海洋生态环境的压力是我们发展海洋生态经济的根本途径。

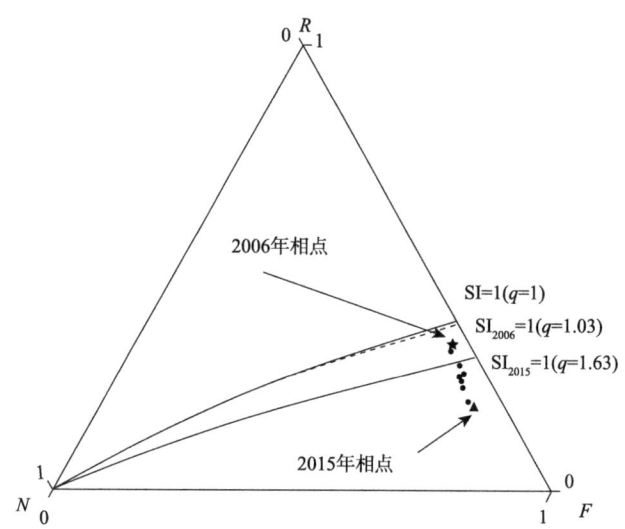

图 4-12 考虑修正系数的山东省海洋生态经济系统可持续性线的变动

第五章　山东省海洋渔业生态经济系统可持续发展的能值分析

第一节　山东省海洋渔业的发展现状

一、我国海洋渔业发展的总体状况

海洋渔业是指捕捞和养殖海洋生物资源以获取产品，并取得生产效益的社会经济活动。海洋渔业的特点是充分利用海洋生物资源自身的成长发育等一系列生理活动的产物来获取产品，并和自然环境紧密结合，相互交融。海洋渔业作为海洋经济发展的支柱产业之一，具有不可或缺的重要作用。海洋渔业的发展缓解了人类食物需求对陆地和淡水的依赖，同时，海洋渔业横跨第一、二、三产业，是海洋医药和食品工业的基础产业，是沿海地区社会经济的重要组成部分，也是国际贸易的重要组成部分。

作为海洋经济的传统产业，海洋渔业在相当长一段时期内以捕捞业为主，是劳动密集型的产业，靠投入大量的劳动力来推动其发展。经过近几十年的发展，我国海洋渔业综合能力不断提高，呈现出由捕捞向养殖、由近海向远海、由数量增长型向效益质量型转变的良性发展趋势。随着我国水产品市场的全面放开，确立了"以养为主"的发展方针，海水养殖产量大幅提高，这为水产品加工业的快速发展奠定了基础。同时休闲渔业、观光渔业等新的渔业业态的兴起，也为海洋渔业探索出一条第一、二、三产业合理配置、综合利用渔业资源的发展道路。

我国渔业综合生产能力显著提高，1949 年的海洋水产品年产量为 44.8 万 t，2015 年年产量高达 3409.6 万 t，约是 1949 年的 76 倍[83]。近年来随着我国海洋事业的全面发展，尽管海洋渔业增加值仍呈现不断增加的趋势，但其占全国主要海洋产业增加值的比重却从 2001 年的 29.3%逐步下降到 2015 年的 16.2%。

二、山东省海洋渔业在全国的地位

山东省濒临黄海和渤海,海岸线长达 3345km,海域面积与陆域面积相当,海洋渔业资源开发利用条件优越。山东省近海生物资源非常丰富,品种类型多样,近海较为重要的经济鱼类和无脊椎动物有近百种,这些条件为山东省发展海洋渔业经济提供了重要的自然物质基础。

海洋渔业是山东省第一大传统海洋产业,在山东省海洋经济发展中具有重要地位。从全国来看,山东省的海洋捕捞量在沿海 11 个省份(不含港澳台)中仅低于浙江省的海洋渔业捕捞量,海水养殖产量位居 11 个沿海省份的首位,海洋水产品产量历年均位列 11 个省份海洋水产品产量的首位。由图 5-1 可知,山东省海洋捕捞量占全国海洋捕捞量的比例基本上在 17%~21%,研究期内略有下降;海水养殖产量占全国海水养殖产量的比例基本上在 25%~27%;海洋水产品产量占全国海洋水产品总产量的比例在 21%~24%。图 5-1 还表明山东省的海洋水产品产量在 2003~2015 年具有明显的分段特征:2005 年海洋捕捞量和海水养殖量在全国的比例降到最低点,然后在 2007 年又上升到最高点;2007 年之后,海洋捕捞量和海洋水产总量所占比例均持续下降,而海水养殖产量所占比例只有微小的波动。这表明山东省发展海洋渔业,尤其是海水养殖业在全国具有较大的比较优势,而海洋捕捞产量的持续下降反映了山东近海的渔业再生产能力受到明显的不利影响。

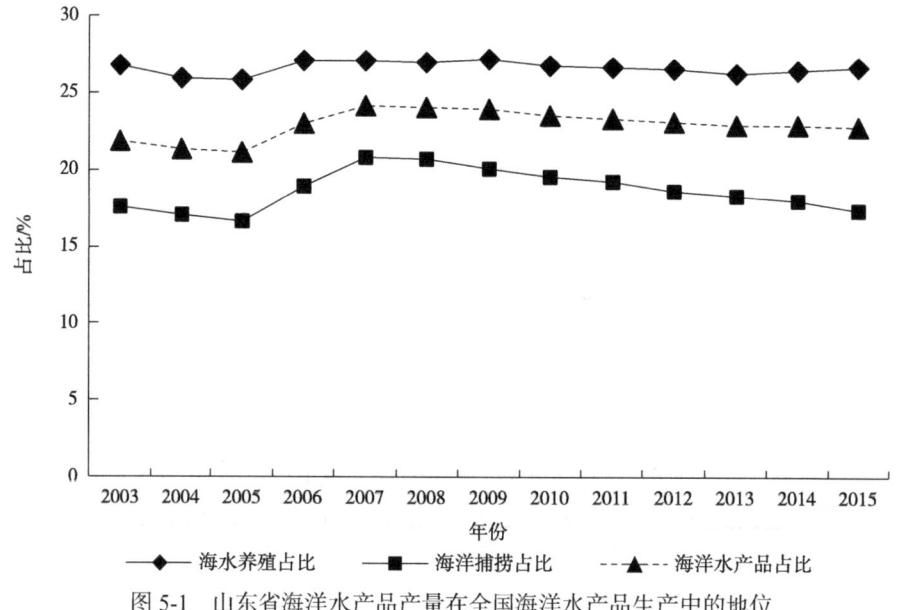

图 5-1 山东省海洋水产品产量在全国海洋水产品生产中的地位

在山东省内，海洋水产品产量在全省水产品生产中占有绝对优势。由图5-2可知，2003~2015年，山东省海水养殖产量表现出强劲增长的势头，由2003年的336.07万t增长到2015年的499.57万t，年均增加13.62万t，年均增长率为3.36%；海洋捕捞量在12年间有所下降，由2003年的251.73万t下降到2015年的228.23万t，这是近海海域滥捕滥捞导致海洋资源枯竭的结果。图5-3表明，12年间海洋水产品产量占全省水产品产量的比例一直维持在80%以上，2003年该比例高达85.2%，其后由于海洋捕捞产量的明显下降以及淡水养殖产量的较大增长，该比例在2015年下降到82.3%。

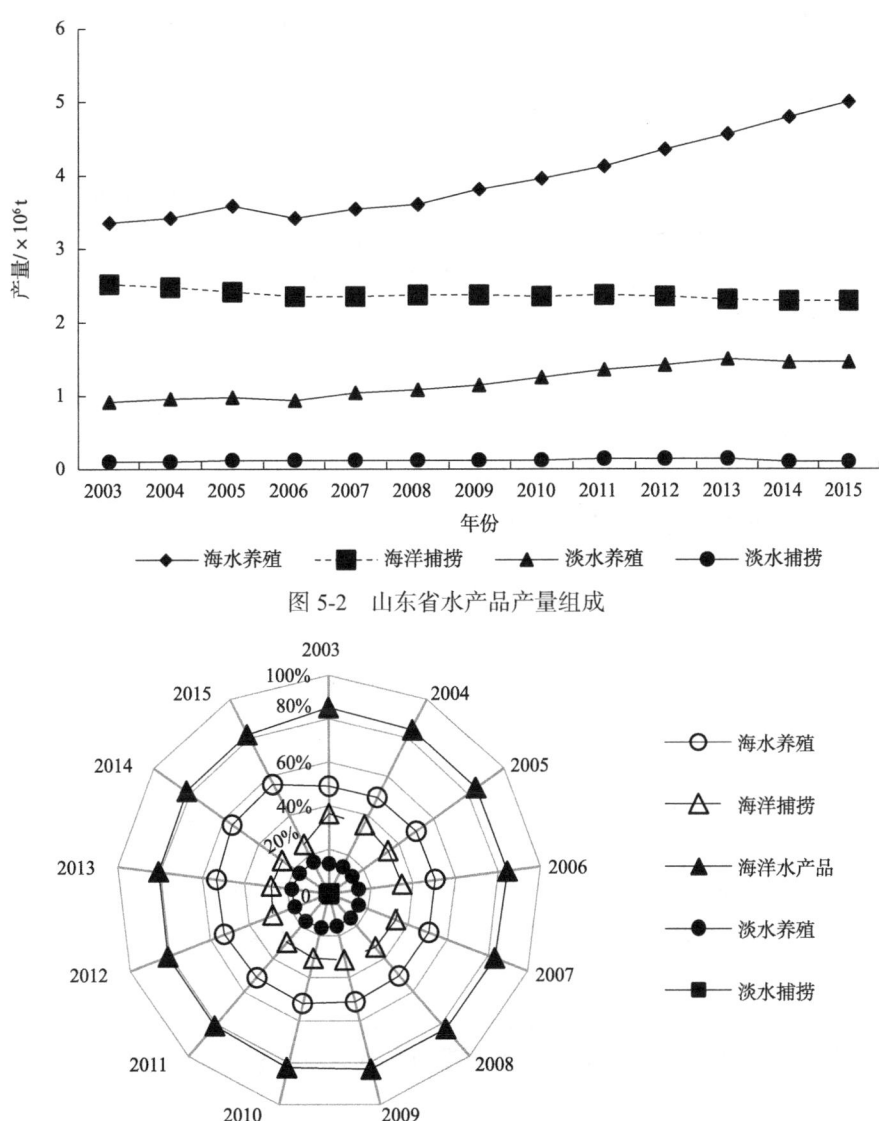

图 5-2 山东省水产品产量组成

图 5-3 山东省水产品产量结构

三、山东省海洋渔业发展存在的问题

（一）海洋渔业资源严重衰竭

长期以来，不合理的资源开发利用方式和高强度的捕捞行为造成了渔业资源的严重衰退。200n mile[①]专属经济区实施后，多数在外海和远洋渔场作业的渔船撤退回近海作业，这加剧了近海渔业资源不足与捕捞力量过剩的矛盾。我国早在1986 年就实施了《中华人民共和国渔业法》，到目前经历了四次修订。山东省也积极响应国家号召制定各项渔业管理政策，严格限制近海捕捞数量和不断提高海水养殖要求，并且规定捕捞设备的各项指标。这对于保障海洋渔业资源的合理开发利用起到了重要作用。但是这仍然无法扭转山东近海渔业资源衰竭的趋势，严重制约了海洋渔业经济的发展。山东省是全国机动渔船数量和专业捕捞渔民数量最多的省份，捕捞强度远远超过了渔业资源的承受能力。多年以来，山东省近海的主要经济鱼虾类难以形成汛期产量，许多种类主要是幼鱼，低质化、低龄化、小型化现象明显。一些营养层次低，生命周期短的低值鱼类上升为主要捕捞对象。渔船大多为在沿岸、近海进行底拖网作业的小型船只，这导致已经过度利用的底层鱼类和近底层鱼类资源进一步衰退[84]。

（二）渔业生态环境不容乐观

沿海地区经济的迅速发展和城市化进程的加快，大量的生产和生活污水排放入海，再加上近海养殖及其他海上经济活动（如海洋石油勘探开采）产生的自污染，导致海洋生态环境恶化和海底植被荒漠化；近岸局部水域富营养化，赤潮、绿潮（浒苔）等海洋灾害频发，严重影响了渔业特别是养殖渔业的发展。调查发现，不管是海水养殖业还是海洋捕捞业，在很大程度上都是掠夺性使用海洋生态系统，几乎没有考虑长远的生态效益，致使养殖水域大多出现养殖量大大超过环境容量，种质退化，养殖病害不断。这些不利因素严重影响了渔业资源的再生产能力和海水养殖业的健康发展。《2015 年山东省海洋环境状况公报》显示，2015年劣于第四类海水水质标准的海域面积在冬季达到 2965km^2，全省呈富营养化状态的海域面积达 5353 km^2，近岸海域典型生态系统仍处于亚健康状态。由于水域污染等，山东近海主要经济水生生物产卵场和索饵育肥场功能明显退化，亲体繁殖力和幼体存活力降低，海域渔业资源没有得到有效补充，致使水生生物生产能

[①] 即海里，1n mile=1.852km。

力下降,生物总量下降。

(三)养殖种质退化,病害频繁

山东省海水养殖以贝类和藻类为主,鱼类和虾蟹类为辅。养殖品种比较粗放单一,种质退化问题严重。养殖的品种绝大部分是传统产品,质优价高的名优产品比重不高,且品种混杂,缺乏良种。一个新品种人工养殖几年后,养殖品种遗传多样性降低,种质退化,抗病力下降,会出现大规模的衰退和死亡现象。此外,饲料残余的环境污染问题也不容忽视。在山东省海水养殖过程中,多次爆发的虾病和贝类大面积死亡使海水养殖业遭受巨大的经济损失[85]。

第二节 海洋渔业能值计算方法与数据处理

一、海洋渔业生态经济系统能值流动

图 5-4 所示的海洋渔业生态经济系统能值流动图有以下几个特点。第一,首先考虑了太阳能、风能、雨水化学能、波浪能、潮汐能和地球旋转能等可再生自然资源。其中,太阳能、风能、雨水化学能、波浪能四者为同质能源,因此在计算海洋环境资源能值投入总量只计入这四者中数量最大者。第二,在海洋经济系统的能值输入中,不仅包括了养殖用的鱼苗等种苗,而且包括了柴油、电能、饲料等经济输入能值,另外还包括了养殖用海的租金支出以及捕捞时缴纳的渔业资源增殖费等投入,还包括了渔业生产过程中的渔船、渔网等基础设备的投入情况。第三,在海洋社会系统的能值输入中,主要考虑劳动者的能值投入情况。在这里的劳动者能值投入不仅包括直接参与养殖和捕捞的劳动者能值投入,也考虑了渔业管理人员以及水产技术推广人员的投入。第四,与现有文献相比,本次分析过程中比较大的一个不同点是,将排放入海的废水等作为一种负能值输入,用这个指标来反映海洋生态系统提供的对污染物的降解、吸收和转化功能的生态系统服务价值的输入。在这里,废弃物的输入来源既考虑了陆源输入,也考虑了海上经济活动(如海洋石油开采、饲料残余等)的废弃物排放输入。

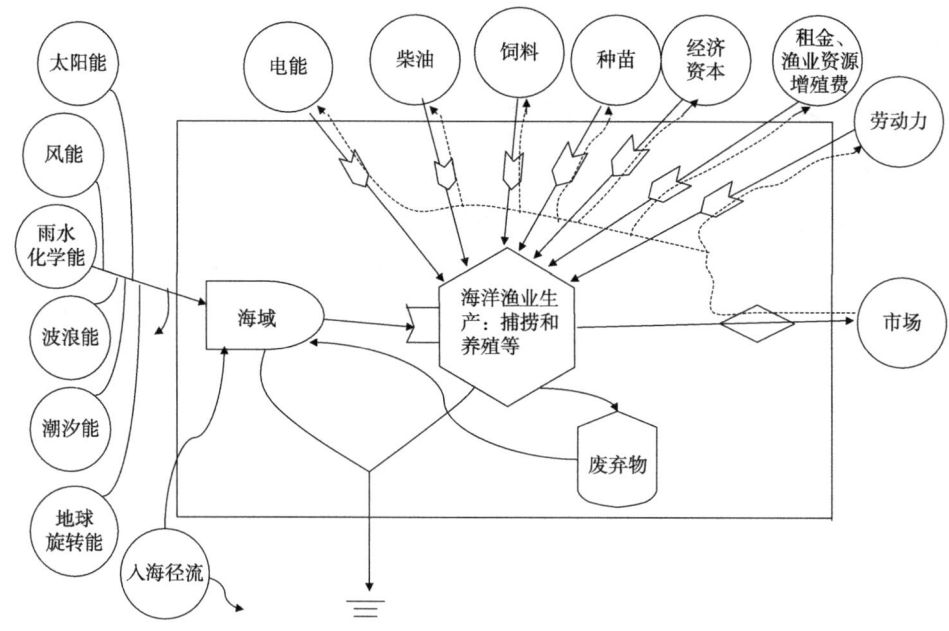

图 5-4 海洋渔业生态经济系统能值流动示意图

从图 5-4 的能值流动状况来看,各种输入能值经过海洋生态系统的各类生物的流动和传递,通过劳动者的收获行为,水产品进入市场进行交易。与这种方向相反的是由此产生的货币流,为了获得种苗、饲料、电力供应、增加渔业设施与工具,渔业生产者又必须用货币来换得这些物资和能源投入到渔业生产中,或者缴纳获取养殖权利或捕捞权利的租金,从而正常地开展渔业生产。

二、分析对象与数据来源

本章以山东省海洋渔业生态经济系统为分析对象,不仅分析了该省海洋渔业生态经济系统的整体能值投入与产出情况,而且分别分析了该省的海水养殖业生态经济系统的能值投入与产出情况,以及海洋捕捞业生态经济系统的能值投入与产出情况。

数据的采集来源主要包括:历年的《中国渔业统计年鉴》《中国统计年鉴》《山东统计年鉴》《山东渔业统计年鉴》等政府公开出版的数据资料;公开发表的研究论文中的相关数据;补充调查数据;计算所得数据。

三、原始数据的获取与计算方法

（一）海洋生态系统的原始数据获取与计算方法

该类数据获取途径和计算方法与第四章第二节中的数据获取途径和计算方法相同，此处不再赘述。

（二）渔业生产相关数据的获取与计算方法

1. 柴油

徐皓等在《我国渔船能耗调查与分析》中通过对我国沿海八省份主要作业渔船能源消耗数据的调查①，计算出海洋捕捞中不同生产方式（拖网、刺网、张网、围网、钓具与其他）的耗油系数分别为 0.56 t/kW、0.5 t/kW、0.23 t/kW、0.29 t/kW、0.66 t/kW、0.45 t/kW[86]。结合实际调研情况，本书参考这些耗油系数计算海洋捕捞和养殖生产的柴油消耗量。

2. 电能

电能主要计算了海水池塘养殖和海水工厂化养殖的电能消耗。水产养殖设施系统的能源消耗设备主要分为增氧和水泵电耗。在计算耗电量时参考徐皓等的研究结果[87]。

海水工厂化养殖的增氧耗电量计算公式为：养殖水体（m^3）× 养殖密度（kg/m^3）× 投饲率（%）× 饲料耗氧率（0.5kg/kg 饲料）× 增氧机工作天数（天）/单位电耗产氧量[kg/(kW·h)]。其中，投饲率取 3%，耗氧量按 0.5kg/kg 饲料计算，产氧量为 0.8 kg/kW·h，每千瓦流量 20m^3，每年运行 200 天。

海水工厂化养殖的泵水耗电量计算公式为：养殖水体（m^3）× 每天换水次数 × 每年运行天数/每千瓦流量（m^3）。其中，每天换水 4 次，每千瓦流量 20 m^3，每年运行 200 天。

池塘养殖的增氧耗电量计算公式为：池塘面积（亩②）× 使用增氧机面积率（%）× 单位面积耗电功率（kW）× 每天使用时间（h）× 每年使用天数。其中，增氧机使用率为 80%，每亩消耗 0.15 kW，每天使用 4 h，每年运行 200 天。

---

① 是指辽宁、山东、江苏、浙江、福建、广东、广西和海南等 8 个海洋渔业捕捞渔业发达省份。
② 1 亩 ≈ 666.67 平方米。

池塘泵水耗电量计算公式为：[池塘水面面积（m²）×平均水深（m）×换水率（%）×每年运行天数+池塘水面面积（m²）×平均水深（m）]/每千瓦流量[m³/（kW·h）]。其中，平均水深为1m，换水率为2%，每亩1kW，每年使用200天，每千瓦流量60m³。

3. 饲料

饲料主要计算了池塘、普通网箱、深水网箱、筏式、吊笼、底播与工厂化养殖等海水养殖中的饲料投入情况。具体计算时，根据文献[87]，投饲率按照3%计算，乘以各种养殖的产量，计算出山东省各年份的海水养殖饲料投入量。

4. 租金

租金包括养殖用海的使用租金以及捕捞作业的渔业资源增殖保护费的收缴。这里养殖用海租金是指在养殖用海中缴纳的海域使用金。在实际计算中，考虑了池塘、普通网箱、筏式、吊笼与底播等养殖用海的租金数量。各种养殖用海的租金征收标准取自《山东省海域使用金征收使用管理暂行办法》（鲁财综〔2004〕33号）。渔业资源增殖保护费是指单位和个人在我国的内水、滩涂、领海以及我国管辖的其他海域采捕天然生长和人工增殖水生动植物所缴纳的以促进水生生物养护的费用。依据《山东省渔业资源增殖保护费征收使用管理规定》（〔1989〕鲁渔管字第5号），结合实际调研情况考虑了价格调整后，海洋渔业资源增殖保护费的征收标准取27.21元/kW，最后根据每年的海洋渔业捕捞船只的功率对海洋渔业资源增殖保护费征收总额进行估算。

5. 种苗

在海洋养殖过程中，各种种苗的投入是必不可少的。在这里，我们计算了鱼苗、虾苗、贝类、海参和海带等种苗的投放量。这些种苗的原始数量可以从历年的《中国渔业统计年鉴》中获取。

6. 渔业固定资产折旧

海洋渔业生产过程中的渔业固定资产折旧部分作为生产要素也应该计入渔业养殖业捕捞的投入项。首先从历年的《中国渔业统计年鉴》中获取"调查渔业折旧额"与"调查户渔业从业人员"后，按照下列公式计算海洋渔业的固定资产折旧投入：调查渔业折旧额/调查户渔业从业人员×（专业养殖人员+专业捕捞人员）。

第五章 山东省海洋渔业生态经济系统可持续发展的能值分析

7. 渔业劳动力

在《中国渔业统计年鉴》中,渔业劳动力分为专业捕捞人员、专业养殖人员、兼职人员和临时人员等[①]。在实际计算过程中,兼职人员的劳动力投入系数取 0.5,临时人员取 0.25。

8. 渔业生产管理

渔业生产过程中,渔业管理投入对于海洋渔业资源的合理开发利用非常重要。山东省海洋渔业生产管理投入计算公式为:全省渔业行政管理人员×(全省海洋捕捞产量+海洋养殖产量)/(全省渔业捕捞产量+渔业养殖产量)。

9. 水产技术推广

水产技术推广在加速科研成果和实用先进技术的推广应用,提高渔业劳动者的素质,促进水产业持续稳定协调发展等方面具有重要作用。本书计算公式为:(水产技术推广人员经费+水产技术推广业务经费)×(全省海洋捕捞产量+海洋养殖产量)/(全省渔业捕捞产量+渔业养殖产量)。

10. 废弃物排放

同第四章第二节中的计算方法。

根据上述计算方法,我们对山东省 2003 年至 2015 年的海洋渔业生态经济系统的能值投入等进行了计算[②]。要说明的是,为了进行比较深入的分析,在数据归类统计中,我们将太阳能、风能、雨水化学能、入海径流、波浪能、潮汐能、地球旋转能归入可更新自然资源投入,并且避免了重复计算的问题;将直排入海的陆源废水、海水生产活动产生的废水、固体垃圾、污油等归入海洋环境净化投入;将柴油、电能、饲料、租金、渔业固定资产折旧等归为经济社会不可更新能值投入;将鱼苗、各类渔业劳动力、水产技术推广、渔业生产管理等归为经济社会可更新能值投入。另外,我们分别对海洋渔业生态经济系统及海水养殖生态经济系统、海洋捕捞生态经济系统进行了能值分析。

---

① 渔业专业从业人员是指全年从事渔业活动 6 个月以上或 50%以上的生活来源依赖渔业活动的渔业从业人员;渔业兼业从业人员是指全年从事渔业活动 3~6 个月或 20%~50%的生活来源依赖渔业活动的渔业从业人员;渔业临时从业人员是指全年从事渔业活动 3 个月以下或 20%以下的生活来源依赖渔业活动的渔业从业人员[88]。

② 因为山东省海洋渔业生态经济系统的数据基础比较好,在本章和第六章的有关分析中将研究年份前推至 2003 年。

第三节 山东省海洋渔业生态经济系统能值分析

一、总体分析

（一）能值计算结果

由图 5-5 可知，2003~2015 年在山东省近海海域的能值投入量中，可更新自然资源的能值数量波动下降。2003 年可更新自然资源的能值数量为 $2.33\times10^{22}\text{sej}$，2015 年下降到 $1.73\times10^{22}\text{sej}$，下降了 25.43%。这与研究期内山东沿海地区降水偏少密切相关。可更新自然资源能值输入的减少对山东沿海海洋生态经济系统的正常运转产生了不利影响。

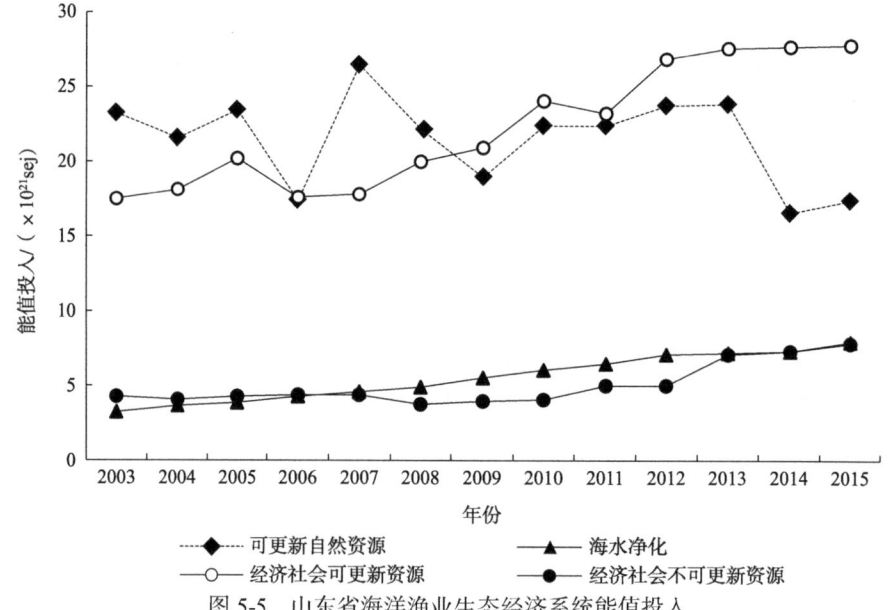

图 5-5 山东省海洋渔业生态经济系统能值投入

与可更新自然资源能值下降的趋势相反，12 年间海洋环境提供的入海废弃物净化能值、经济系统和社会系统输入的可更新资源能值（种苗、劳动力等）和不可更新资源能值（柴油、租金、折旧等）呈现比较明显的上升趋势。入海废弃物的海水净化能值投入量在 2003 年为 3.27×10^{21}sej，2015 年则大幅度增加到 7.92×10^{21}sej，增长了 142.05%，这在很大程度上反映了经济活动对海洋生态系统的水质保持产生的压力愈来愈大；经济系统和社会系统输入海洋生态系统的可更新能值由 2003 年的 1.75×10^{22}sej 增加到 2015 年的 2.78×10^{22}sej，增长了 58.64%；经济系统和社会系统输入海洋生态系统的不可更新能值由 2003 年的 4.29×10^{21}sej 增加到 2015 年的 7.80×10^{21}sej，增加了 81.93%。

在经济系统和社会系统投入海洋生态系统的能值中，除了种苗的投入和管理人员及技术推广活动等投入对于改善海洋生态系统提供各种水产品的服务功能具有积极作用外，其他类别的经济和社会投入越多，对海洋生态系统正常运行的压力可能越大。图 5-6 反映了山东省海洋生态经济系统能值投入的压力源及其变化趋势，图 5-7 反映了山东省海洋生态经济系统能值投入对增加海洋生态系统生产能力的能值投入情况。由图 5-6 可知，山东省海洋渔业生态经济系统不利于渔业生态经济系统再生产的投入量越来越高，投入总量由 2003 年的 2.39×10^{22}sej 增加到 2015 年的 3.91×10^{22}sej，增加了 63.93%。图 5-7 反映了山东省海洋生态经济系统利于海洋渔业生态经济系统发展的能值投入情况，其变化趋势与压力能值的投入变化存在明显差别：渔业管理和技术推广投入（可更新经济能值与可更新社会能值之和）相对较小，虽然由 2003 年的 5.61×10^{19}sej 增加到 2015 年的 1.38×10^{20}sej，但是只占促进海洋渔业生态经济系统再生产能值投入总量的 0.23%~0.64%；促进海洋渔业生态经济系统再生产的能值投入总量变化较小，基本上在 2.35×10^{22}sej 上下波动。这在一定程度上也反映了在促进海洋渔业生态系统再生产的正常运转上，山东省投入较少，长期的索取大于投入的行为使近海渔业资源逐渐枯竭的风险日益增加。

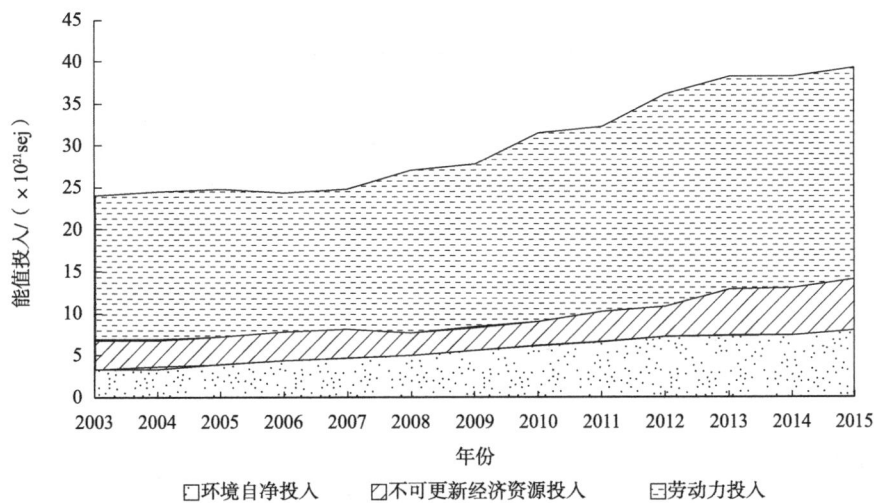

图 5-6 影响海洋渔业生态经济系统产出能力的压力源及其变化

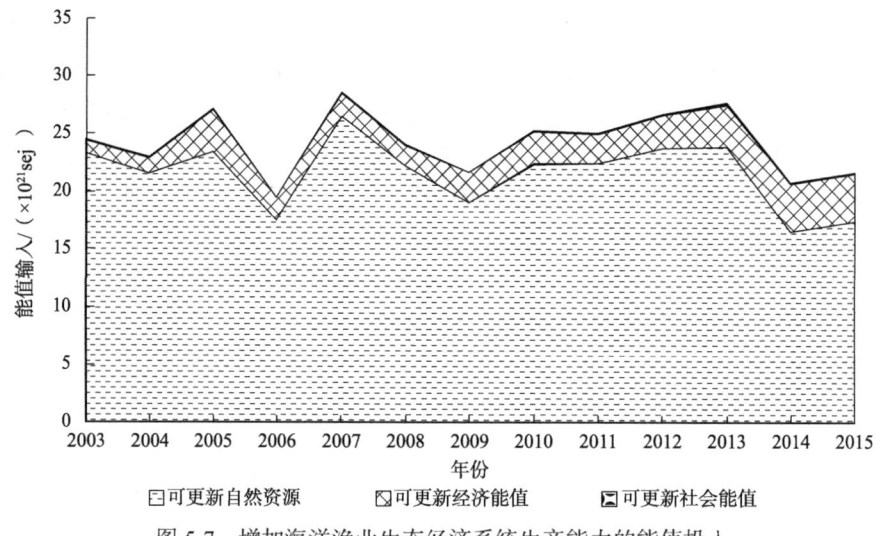

图 5-7 增加海洋渔业生态经济系统生产能力的能值投入

（二）能值投入密度

2003~2015 年，山东省海洋渔业生态系统的能值投入密度呈现较大幅度的上升，由 2003 年的 3.03×10^{11} sej/m² 增加到 2015 年的 3.82×10^{11} sej/m²，增长幅度为 25.91%，年均增长 1.94%（图 5-8）。如果将能值密度进行分类，可以发现，增加海洋渔业生态系统再生产的能值投入密度（简称增加承载力的能值密度）由 2003 年的 1.54×10^{11} sej/m² 波动下降到 2015 年的 1.36×10^{11} sej/m²，年均下降了 0.98%；而增加海洋渔业生态系统压力的能值投入密度（简称增加环境压力的能值密度）由 2003 年的 1.51×10^{11} sej/m² 增加到 2015 年的 2.47×10^{11} sej/m²，增幅达 63.92%，年均增长 4.20%，并且增加环境压力的能值投入密度在 2014 年超过增加承载力的能值投入密度。这传递出一个重要信号，即人们对海洋生态系统单位面积产生的压力越来越大，长此下去，海洋生态系统的渔业再生产能力面临的形势将越来越严峻。

（三）环境负载率

山东省海洋渔业生态系统的环境负载率在 12 年间呈现比较明显的增加趋势，由 2003 年的 1.08 增加到 2015 年的 2.51（图 5-9）。这种变化说明，山东省海洋渔业生态系统的环境更新能力面临越来越多的人类社会经济活动的干涉，生态环境再生产能力受到了越来越大的压力。

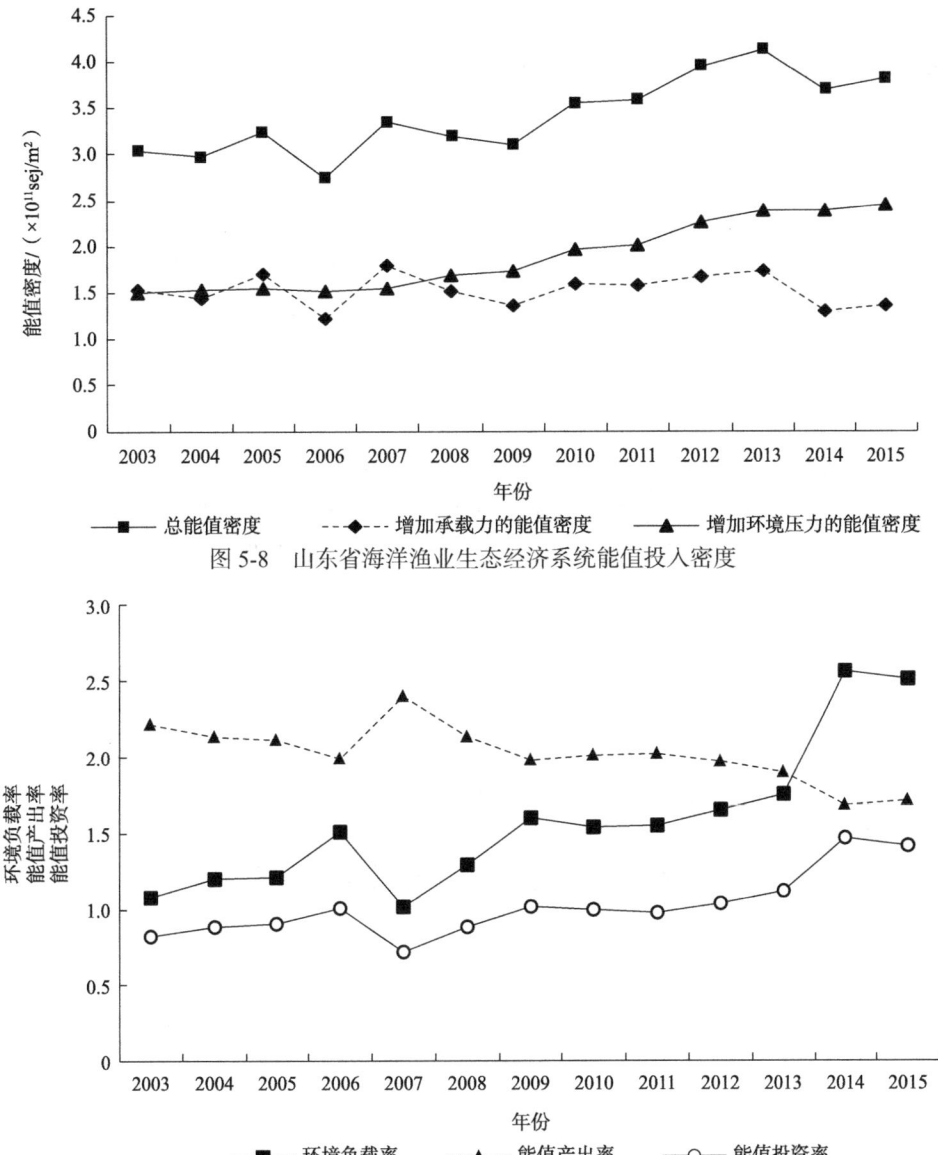

图 5-8　山东省海洋渔业生态经济系统能值投入密度

图 5-9　山东省海洋渔业生态经济系统的环境负载率、能值产出率与能值投资率

（四）能值产出率

能值产出率反映了经济社会反馈能值的单位渔业产出情况。由图 5-9 可知，12 年间，山东省的经济社会反馈能值投入的产出率出现了比较明显的下降趋势，由 2003 年的 2.22 下降到 2015 年的 1.71，下降幅度为 22.85%。这表明虽然山东省

海洋经济社会系统对渔业生态系统的能值投入增加，但是其产出效率有所下降。这与渔业资源的过度开发导致渔业资源量下降不无关系。

（五）能值投资率

能值投资率是指经济社会反馈能值与海洋自然资源投入能值的比值。由图 5-9 可知，山东省海洋渔业生态经济系统中，经济社会反馈能值投入的增长速度远大于海洋生态系统的自然资源投资能值的增长速度，这进而导致能值投资率在 12 年间不断增加。山东省能值投资率在 2003 年为 0.82，2015 年增长到 1.41，增加幅度为 71.42%，年均增加 4.59%。经济社会反馈能值组成中有一部分是有利于海洋渔业生态系统再生产能力的维持和正常运转的，如果这部分反馈能值与海洋自然资源投入能值的比值越大，就越有利于海洋生态经济系统的良性发展，否则将会使海洋生态系统面临渔业资源的过度开发，最终导致海洋渔业可持续发展面临越来越大的压力。由计算结果可知，经济社会的反馈能值投入中利于海洋渔业再生产的能值投资率非常小，2003 年仅为 0.05，2015 年增加到 0.17。这个数值进一步反映了海洋渔业生产过程中面临的严峻形势。

（六）可持续发展指数

由图 5-10 可知，12 年间山东省海洋渔业生态经济系统可持续发展指数由 2003 年的 2.05 快速下降到 2015 年的 0.68，年均下降 8.79%。这表明该系统的可持续发展能力下降明显。由此来看，为了改善山东省海洋渔业生态经济系统的再生产能力，必须采取有效措施来扭转这种不良发展趋势。

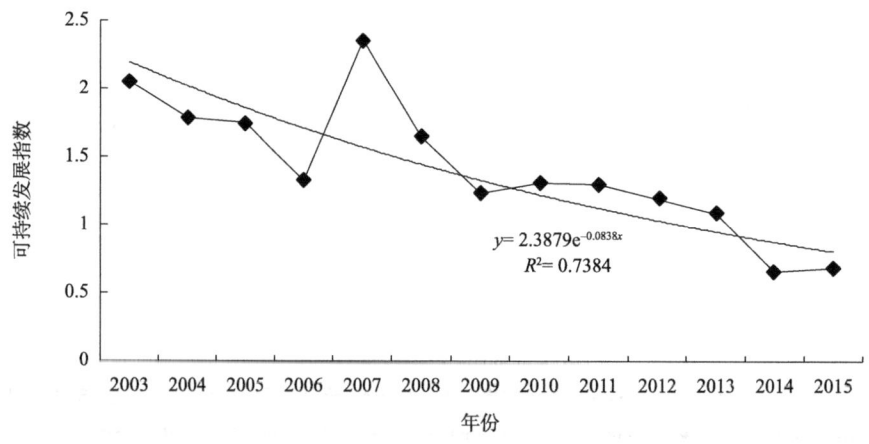

图 5-10　山东省海洋渔业生态经济系统的可持续发展指数

二、海水养殖生态经济系统能值投入

(一) 各项能值输入分析

由图 5-11 可知,2003~2015 年在山东省近海海水养殖的能值投入量中,可更新自然资源(雨水化学能、潮汐能、入海径流、地球旋转能等)的能值数量比较小,并且 12 年间增长缓慢。2003 年可更新自然资源的能值数量为 5.22×10^{20}sej,2015 年增加到 6.12×10^{20}sej,增加了 17.19%。

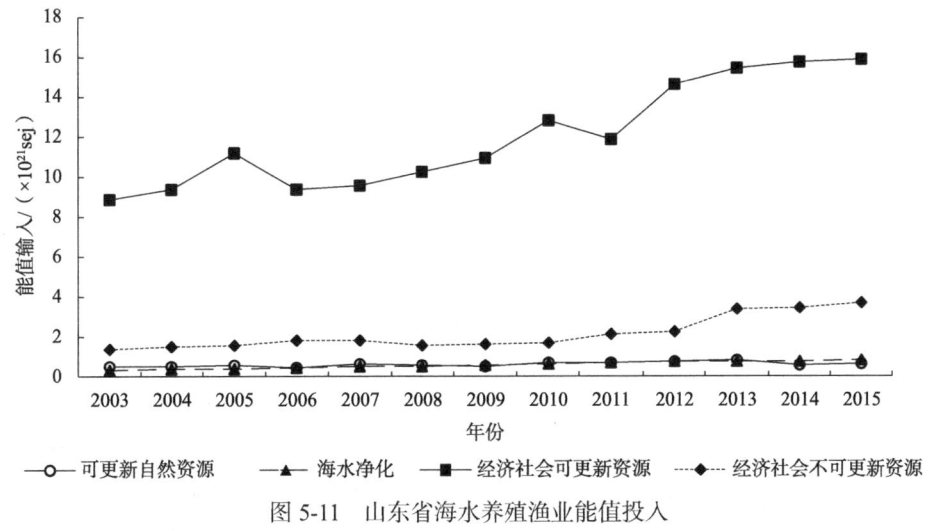

图 5-11 山东省海水养殖渔业能值投入

2003~2015 年养殖海域海洋环境提供的净化废水等废弃物的能值投入变化与可更新自然资源能值变化的趋势相似,只不过养殖海域的海洋环境提供的入海废弃物净化功能能值略高于海洋可更新自然资源的能值投入。2003 年养殖用海净化废弃物的能值投入为 3.53×10^{20}sej,2015 年增加到 8.31×10^{20}sej,增加了 135.77%。这反映了经济活动对养殖用海生态系统的水质功能产生了越来越大的压力。

与前两者不同的是,经济社会输入的可更新资源能值(种苗、劳动力等)和不可更新资源能值(柴油、租金、折旧等)呈现比较明显的上升趋势。经济社会系统输入海洋生态系统的可更新能值由 2003 年的 8.87×10^{21}sej 增加到 2015 年的 1.59×10^{22}sej,增长了 78.75%;经济系统和社会系统输入海洋生态系统的不可更新能值由 2003 年的 1.40×10^{21}sej 增加到 2015 年的 3.68×10^{21}sej,增加了 162.88%。

与山东省海洋渔业生态经济系统的能值投入整体情况相比,海水养殖的能值投入所占比例较小(表 5-1),但是呈现出逐渐增大的趋势。由表 5-1 可知,养殖系统能值投入量占海洋渔业生态经济系统总投入量的比例在 2003 年为 23.05%，2015 年则增加到 34.46%。各组成部分的投入比例差别较大：可更新自然资源投入能值占比在 2.25%到 3.53%之间变动，海水净化能值投入比在 10.6%上下波动；经济社会的可更新能值投入占比和不可更新能值投入占比比较大，经济社会的可更新能值投入占比为 50.58%~56.99%，经济社会的不可更新能值投入占比为 32.64%~47.61%。这表明，可更新海洋自然资源较少地投入到海水养殖系统，而经济社会的反馈能值投入是其投入能值的主要来源，也就是说，海水养殖系统更多地打上人类活动的烙印，越来越受到人类经济活动的影响。

表5-1 山东省海水养殖能值投入占全省海洋渔业生态经济系统能值投入的比例（单位：%）

类别	2003年	2004年	2005年	2006年	2007年	2008年	2009年
可更新自然资源	2.25	2.44	2.55	2.63	2.55	2.67	2.77
海水净化	10.78	10.74	10.77	10.89	10.72	10.65	10.70
可更新经济社会资源	50.58	51.77	55.46	53.43	53.64	51.23	52.28
不可更新经济社会资源	32.64	36.69	36.56	41.33	41.45	41.31	41.67
总能值占比	23.05	24.89	26.63	27.74	23.55	25.41	27.77
类别	2010年	2011年	2012年	2013年	2014年	2015年	年均
可更新自然资源	3.14	3.21	3.28	3.43	3.44	3.53	2.90
海水净化	10.58	10.47	10.54	10.52	10.46	10.50	10.61
可更新经济社会资源	53.15	51.06	54.56	56.01	56.76	56.99	53.87
不可更新经济社会资源	41.00	42.24	45.28	47.61	46.74	47.16	42.51
总能值占比	27.96	26.92	29.42	31.01	34.79	34.46	28.24

表 5-2 从另一个角度反映出，在山东省海水养殖系统的能值投入结构中海洋自然资源能值投入多年平均仅占到 4.06%，并且其占比还呈现不断下降的趋势；经济社会的不可更新能值和可更新能值投入量分别占到养殖系统投入能值的 13.99%和 78.10%。这说明，在海水养殖系统中，经济社会的反馈能值起着至关重要的作用。这也从另一角度反映了海水养殖系统的生产状况或者承载力更多地依赖于人类的投入：如果人类投入的压力能值越高于增产能值，这个系统受到的负面影响就会越大，否则，系统就会朝着更健康的方向发展。

表5-2 山东省海水养殖各组分能值投入结构（单位：%）

类别	2003年	2004年	2005年	2006年	2007年	2008年	2009年
可更新自然资源	4.69	4.46	4.34	3.79	5.37	4.58	3.83
海水净化	3.16	3.30	3.01	3.90	3.94	4.06	4.31
可更新经济社会资源	79.59	79.45	81.26	77.37	76.08	79.17	79.89
不可更新经济社会资源	12.56	12.79	11.39	14.94	14.61	12.19	11.97
合计	100	100	100	100	100	100	100

续表

类别	2010年	2011年	2012年	2013年	2014年	2015年	年均
可更新自然资源	4.43	4.67	4.22	4.01	2.77	2.92	4.06
海水净化	4.06	4.44	4.09	3.74	3.73	3.96	3.85
可更新经济社会资源	80.82	77.15	79.31	75.64	76.78	75.58	78.10
不可更新经济社会资源	10.69	13.75	12.39	16.61	16.71	17.54	13.99
合计	100	100	100	100	100	100	100

注：因四舍五入，各分项之和与合计值可能存在出入

图5-12反映了山东省海水养殖生态经济系统能值投入的压力来源及其变化趋势，图5-13反映了山东省对增加海水养殖生态系统生产能力的能值投入情况。由图5-12可知，山东省海水养殖生态经济系统不利于渔业生态经济系统再生产的投入量越来越高，投入总量由2003年的9.42×10^{21}sej增加到2015年的1.60×10^{22}sej，增加了69.6%。图5-13反映了山东省海洋生态经济系统利于海水养殖生态经济系统发展的能值投入情况，其变化趋势与压力能值的投入变化存在明显差别：渔业管理和技术推广（可更新社会能值）投入相对较小，虽然由2003年的4.59×10^{19}sej增加到2015年的1.30×10^{20}sej，但是其投入量只占促进海水养殖生态经济系统再生产能值投入总量的1.11%~3.10%；促进海水养殖生态经济系统再生产的能值投入总量增加较为明显，由2003年的1.72×10^{21}sej增长到2015年的5.0×10^{21}sej。这在一定程度上也反映出为了促进海洋渔业生态系统再生产的正常运行，山东省不断增加对海水养殖业的投入。

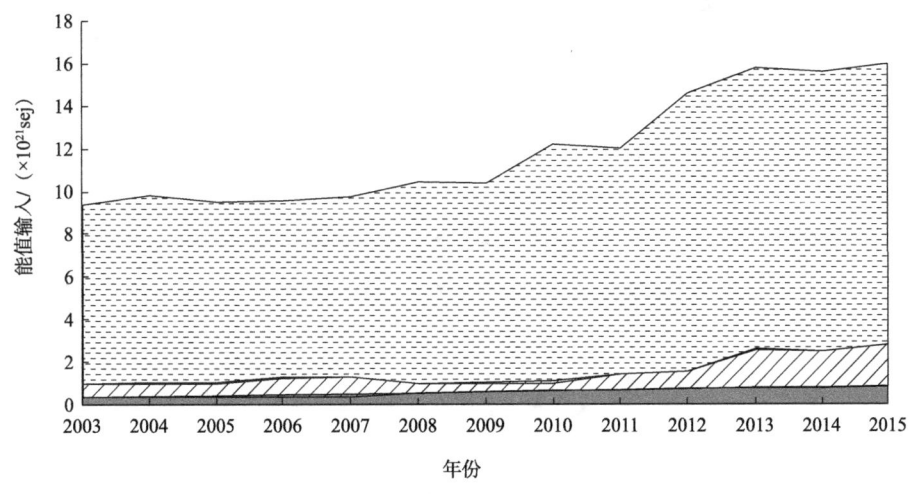

图5-12 影响海水养殖生态经济系统能值投入的压力来源及其变化

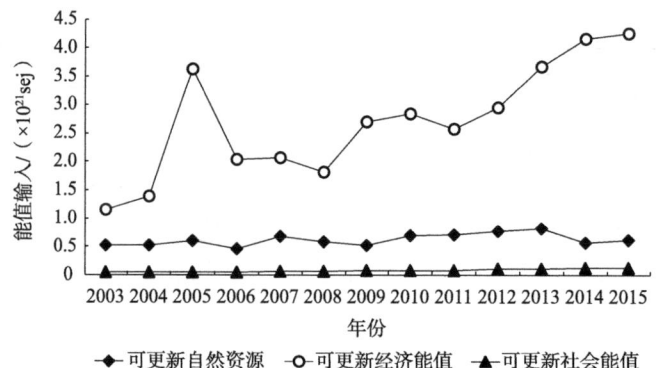

图 5-13　增加海水养殖生态经济系统生产能力的能值投入

（二）能值投入密度

2003~2015 年，山东省海水养殖的总能值投入密度呈现上升趋势（图 5-14），由 2003 年的 3.11×10^{12} sej/m² 增加到 2015 年的 3.73×10^{12} sej/m²，增长幅度为 19.77%，年均增长 1.51%。如果对能值投入密度进行分类，可以发现，增加海水养殖承载力的能值密度由 2003 年的 4.81×10^{11} sej/m² 上升到 2015 年的 8.88×10^{11} sej/m²，增加了 84.72%，年均增加 5.25%。增加海水养殖环境压力的能值投入密度明显高于增加海水养殖承载力的能值密度：2003 年的增压能值密度为 2.63×10^{12} sej/m²，是当年增加承载力的能值密度的 5.47 倍；2015 年增压能值密度增加到 2.84×10^{12} sej/m²，是当年增加承载力的能值投入密度的 3.2 倍。海水养殖的增压能值密度远高于增加承载力能值密度的情况反映出海水养殖面临非常严峻的发展形势，过度向海洋生态系统索取正在对海洋渔业生态系统承载力产生非常不利的影响。这种重索取、轻养护的海水养殖模式非常不利于海洋生态系统持续性地提供各种水产品。

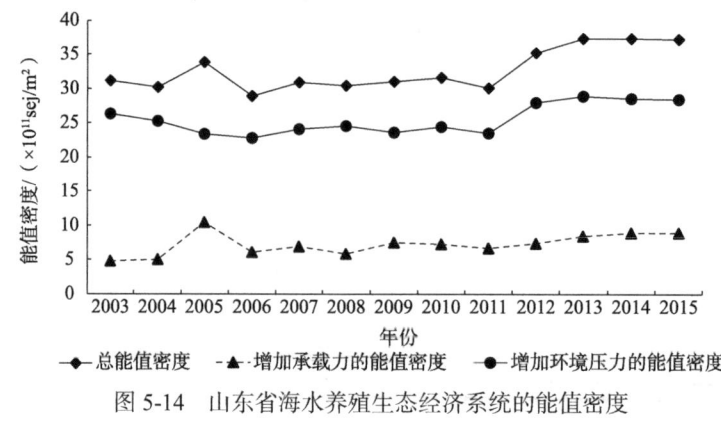

图 5-14　山东省海水养殖生态经济系统的能值密度

（三）环境负载率

山东省海水养殖生态经济系统的环境负载率在 2003~2015 年增加趋势非常明显（图 5-15），由 2003 年的 20.33 增加到 2015 年的 33.27。山东省海水养殖生态经济系统的环境负载率远高于山东省海洋渔业生态经济系统的平均环境负载率并且呈现大幅度增加的现象说明，山东省海水养殖生态经济系统的环境更新能力受到的人类社会经济活动干涉程度更加深刻，海水养殖系统的生态环境再生产能力面临的压力也越来越大。

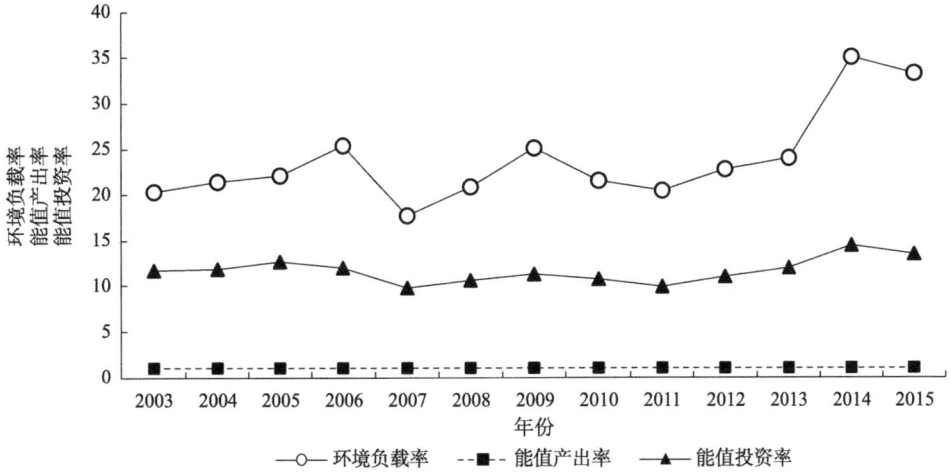

图 5-15　山东省海水养殖生态经济系统的环境负载率、能值产出率与能值投资率

（四）能值产出率

由图 5-15 可知，2003~2015 年山东省海水养殖生态经济系统的经济社会反馈能值投入的产出率有所下降，由 2003 年的 1.09 下降到 2015 年的 1.07，下降幅度较小，这表明虽然山东省海洋经济社会系统对海水养殖业的能值投入增加，但是其产出效率有所下降。这与海洋渔业资源的过度开发以及养殖海域生态环境质量下降导致渔业资源再生产能力下降有很大关系。

（五）能值投资率

由图 5-15 与图 5-9 的比较可知，山东省海水养殖的能值投资率远大于山东省海洋渔业生态经济系统的能值投资率。海水养殖的能值投资率在 2003 年为 11.74，2015 年增长到 13.54，增加幅度为 15.31%。经济社会反馈能值投入的增长速度远大于海洋生态系统的自然资源投入能值的增长速度，导致该系统的能值投资率在 12 年期间呈现增加趋势。在此期间，经济社会的反馈能值投入中利于海洋渔业再生产的能值投资率不断增加，2003 年为 1.37，2015 年增加到 3.04。这一指标的不断增大有助于缓解海水养殖生产过程面临的压力。

（六）可持续发展指数

2003~2015 年，山东省的海水养殖生态经济系统可持续发展指数比较小，并且呈现下降趋势（图 5-16）。2003 年的可持续发展指数为 0.053，2015 年进一步下降到 0.032，年均下降 4.12%。山东省海水养殖生态经济系统可持续发展指数远小于 1 的事实表明，山东省海水养殖业是典型的资源消费型产业；可持续发展指数的进一步降低表明海水养殖的生产越来越依靠经济社会的投入，并且所面临的生态环境压力不断增加。

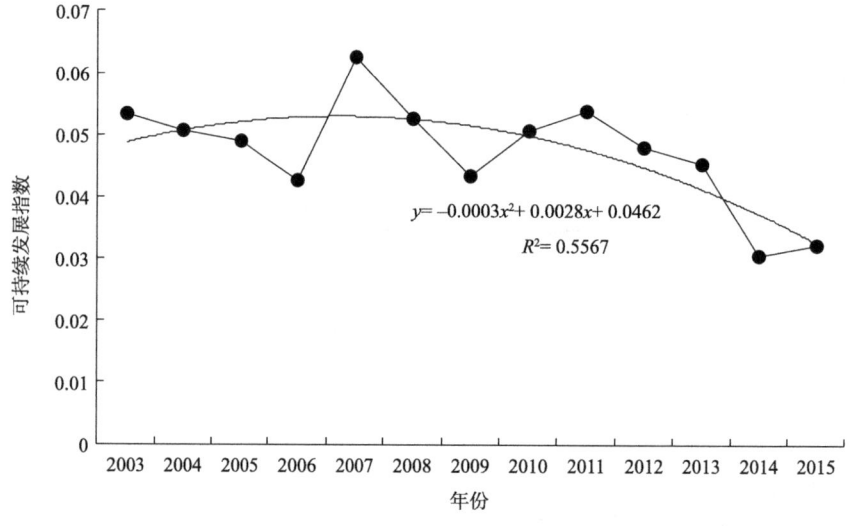

图 5-16　山东省海水养殖生态经济系统可持续发展指数

三、海洋捕捞生态经济系统能值投入

（一）各项能值投入分析

由图 5-17 可知，2003~2015 年在山东省近海捕捞生态系统的能值投入量中，虽然可更新自然资源的能值数量最高，但是也出现波动下降的趋势。2003 年可更新自然资源的能值数量为 $2.27×10^{22}$sej，2015 年下降到 $1.67×10^{22}$sej，下降了 26.41%。这一方面与研究期内山东沿海地区降水偏少和入海径流减少密切相关，同时也受到养殖用海面积扩大的较小影响。可更新自然资源能值输入的减少对山东沿海海洋捕捞生态经济系统的正常再生产产生了不良影响。

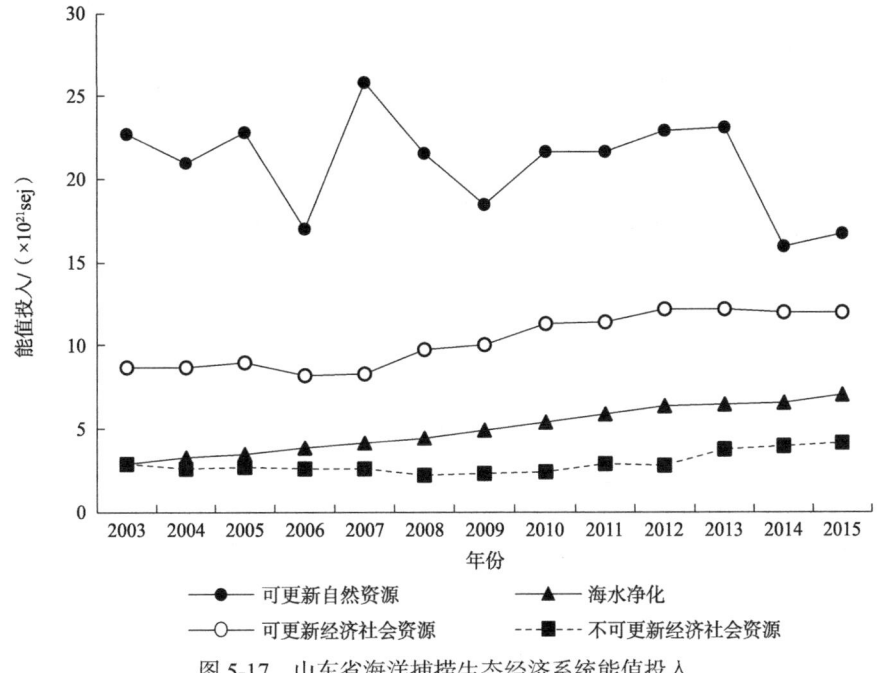

图 5-17 山东省海洋捕捞生态经济系统能值投入

2003~2015 年海洋环境提供的入海废弃物净化功能能值、经济系统和社会系统输入的可更新资源能值（种苗、劳动力等）和不可更新资源能值（柴油、租金、折旧等）呈现比较明显的上升趋势，这与可更新自然资源能值输入下降的趋势相反。入海废弃物的海水净化能值投入量在 2003 年为 $2.92×10^{21}$sej，2015 年则大幅度增加到 $7.08×10^{21}$sej，增长了 142.69%，这在很大程度上反映了经济活动对海洋捕捞生态系统的水质保持产生的压力愈来愈大，并且在绝对数量上和增加幅度上都明显高于对海水养殖生态系统产生的压力；经济社会输入海洋的可更新能值由 2003 年的 $8.67×10^{21}$sej 增加到 2015 年的 $1.20×10^{22}$sej，增长了 38.06%；经济社会输入海洋的不可更新能值由 2003 年的 $2.89×10^{21}$sej 增长到 2015 年的 $4.12×10^{21}$sej，增长了 42.72%。

与山东省海水养殖生态经济系统的能值投入情况相比（见表 5-1），海洋捕捞的能值投入所占比例较大（表 5-3），但是所占比例呈现下降的趋势，并且各组分所占比例差别较大。由表 5-3 可知，捕捞生态经济系统能值投入量占海洋渔业生态经济系统总投入量的比例在 2003 年为 76.95%，2015 年则下降到 65.54%；可更新自然资源投入能值占比由 2003 年的 97.75%下降到 2015 年的 96.47%；海域环境净化能值投入比例增加比较小，由 2003 年的 89.22%增加到 2015 年的 89.50%；海洋捕捞生态经济系统的经济社会可更新资源能值投入所占比例小于海水养殖生态经济系统的可更新经济社会能值投入所占比例，不可更新能值投入所占比例明显大于海水养殖生态经济系统的不可更新能值投入所占比例，但是两者都不断下降。可更新的经济社会能值投入占比由 2003 年的 49.42%下降到 2015 年的 43.01%，不可更新的经济社会资源能值投入占比由 2003 年的 67.36%下降到 2015 年的 52.84%。

表5-3 山东省海洋捕捞能值投入占全省海洋渔业生态经济系统能值投入的比例（单位：%）

类别	2003 年	2004 年	2005 年	2006 年	2007 年	2008 年	2009 年
可更新自然资源	97.75	97.56	97.45	97.37	97.45	97.33	97.23
海水净化	89.22	89.26	89.23	89.11	89.28	89.35	89.30
可更新经济社会资源	49.42	48.23	44.54	46.57	46.36	48.77	47.72
不可更新经济社会资源	67.36	63.31	63.44	58.67	58.55	58.69	58.33
总能值占比	76.95	75.11	73.37	72.26	76.45	74.59	72.23
类别	2010 年	2011 年	2012 年	2013 年	2014 年	2015 年	年均
可更新自然资源	96.86	96.79	96.72	96.57	96.56	96.47	97.10
海水净化	89.42	89.53	89.46	89.48	89.54	89.50	89.39
可更新经济社会资源	46.85	48.94	45.44	43.99	43.24	43.01	46.13
不可更新经济社会资源	59.00	57.76	54.72	52.39	53.26	52.84	57.49
总能值占比	72.04	73.08	70.58	68.99	65.21	65.54	71.76

表 5-4 从另一个角度反映了山东省海洋捕捞生态经济系统的能值投入结构。其中海洋可更新自然资源能值投入多年平均可占到该系统能值投入总量的 53.48%，但是其占比呈现下降的趋势；海水净化能值投入的年平均数值占捕捞生态经济系统总能值投入的比例为 12.76%，并且在 12 年间呈现出增加趋势；经济社会的不可更新能值和可更新能值投入量的年均数值分别占到捕捞系统投入能值的 7.44%和 26.32%。这说明，在海洋捕捞生态经济系统中，经济社会的反馈能值投入远小于海洋自然环境的能值投入。这从另一角度来讲，与海水养殖生态经济系统不同，海洋捕捞生态经济系统的再生产更多地依赖于自然界的投入，但是如果经济社会的能值投入动机是从海洋中获取更多的水产品或者排放废水等而影响了海洋生态环境的再生能力，那么，经济社会的能值投入越多，海洋生态经济系统受到的负面影响将会越大；否则，如果海洋经济社会的能值投入动机是为了保护海洋再生产能力，则海洋生态经济系统就会朝着健康的方向发展。

表5-4　山东省捕捞用海各组分能值投入结构（单位：%）

类别	2003年	2004年	2005年	2006年	2007年	2008年	2009年
可更新自然资源	61.09	59.08	60.09	53.73	63.26	56.81	51.69
海水净化	7.84	9.08	9.05	12.23	10.12	11.62	13.83
可更新经济社会资源	23.30	24.52	23.69	25.89	20.26	25.68	28.03
不可更新经济社会资源	7.77	7.31	7.17	8.14	6.36	5.90	6.44
合计	100	100	100	100	100	100	100
类别	2010年	2011年	2012年	2013年	2014年	2015年	年均
可更新自然资源	53.06	51.86	51.77	50.79	41.57	41.92	53.48
海水净化	13.32	13.98	14.45	14.30	17.06	17.75	12.76
可更新经济社会资源	27.65	27.24	27.54	26.70	31.21	29.99	26.32
不可更新经济社会资源	5.97	6.92	6.24	8.22	10.16	10.33	7.44
合计	100	100	100	100	100	100	100

注：因四舍五入，各分项之和与合计值可能存在出入

图 5-18 反映了山东省海洋捕捞生态经济系统能值投入的压力来源及其变化趋势，表 5-5 反映了山东省增加海洋捕捞生态经济系统生产能力的能值投入情况。由图 5-18 可知，山东省海洋捕捞生态经济系统不利于海洋渔业生态经济系统再生产的投入力度越来越大，投入总量由 2003 年的 1.45×10^{22}sej 增长到 2015 年的 2.32×10^{22}sej，增长了 60.16%。捕捞生态经济系统的增压能值投入远高于养殖系统的增压能值投入。表 5-5 反映出山东省对增加海洋捕捞生态经济系统再生产的能值投入变化与压力能值的投入变化存在明显差别：社会可更新能值（渔业管理）投入相对较小并且稍有下降，由 2003 年的 1.02×10^{19}sej 下降到 2015 年的 8.11×10^{18}sej；增加海洋捕捞生态经济系统再生产的能值投入总量下降较多，2003 年为 2.28×10^{22}sej，2015 年下降到 1.68×10^{22}sej，下降了 26.39%。这在一定程度上也反映出山东省对海洋捕捞生态经济系统投入的减少不利于近海捕捞渔业资源的自然再生产。

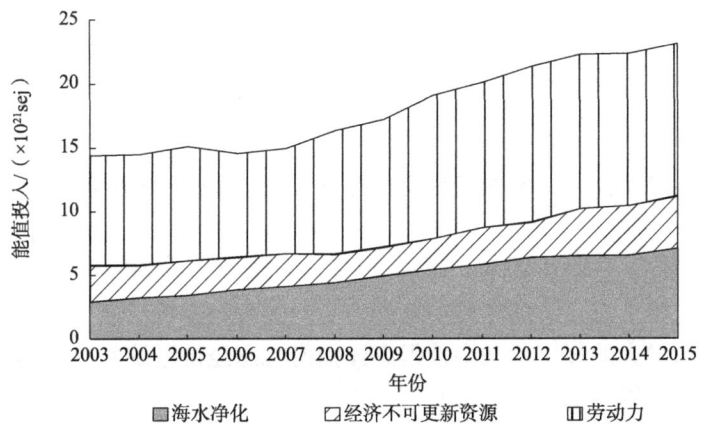

图 5-18　影响海洋捕捞生态经济系统产出能力的压力来源及其变化

表5-5 增加海洋捕捞生态经济系统生产能力的能值投入

类别	2003年	2004年	2005年	2006年	2007年	2008年	2009年
可更新自然资源/($\times 10^{22}$sej)	2.27	2.10	2.28	1.70	2.58	2.16	1.84
经济可更新能值/($\times 10^{19}$sej)	1.70	1.55	1.64	1.56	1.40	1.43	1.50
社会可更新能值/($\times 10^{19}$sej)	1.02	9.98	9.55	9.66	9.38	9.26	8.90
合计/($\times 10^{22}$sej)	2.28	2.10	2.28	1.70	2.58	2.16	1.85

类别	2010年	2011年	2012年	2013年	2014年	2015年	平均
可更新自然资源/($\times 10^{22}$sej)	2.16	2.17	2.29	2.31	1.60	1.67	2.09
经济可更新能值/($\times 10^{19}$sej)	1.73	1.68	1.57	1.57	1.56	1.62	1.58
社会可更新能值/($\times 10^{19}$sej)	8.56	8.39	8.20	8.72	8.49	8.11	8.32
合计/($\times 10^{22}$sej)	2.17	2.17	2.29	2.31	1.60	1.68	2.10

(二)能值投入密度

2003~2015 年,山东省海洋捕捞生态经济系统的总能值投入密度呈现波动上升,然后又有所下降的特点,由 2003 年的 2.39×10^{11}sej/m^2 增加到 2013 年的 2.95×10^{11}sej/m^2,然后又基本回落到2003年的水平(图 5-19)。其中,增加海洋捕捞生态经济系统再生产能力的能值投入密度(简称增载能值投入密度)由 2003 年的 1.46×10^{11}sej/m^2 下降到2015 年的 1.09×10^{11}sej/m^2,下降了 25.41%。增大海洋捕捞生态经济系统压力的能值投入密度(简称增压能值投入密度)明显增加:2003年的增压能值投入密度为 9.27×10^{10}sej/m^2,2015 年增压能值投入密度增加到 1.50×10^{11}sej/m^2,增加幅度高达 62.27%。2003 年增压能值投入密度为当年增载能值投入密度的 63.48%,2015 年的增压能值投入密度则远远超过当年增载能值投入密度,两者的比例为 138.20%。这种能值投入密度的变化反映了海洋捕捞生态经济系统的增压能值投入强度越来越高,过度捕捞行为不利于维护海洋生态经济系统的可持续再生产能力。

(三)环境负载率

山东省海洋捕捞生态经济系统的环境负载率在 12 年间增加趋势比较明显,由 2003 年的 0.64 增加到 2015 年的 1.39(图 5-20)。山东省海洋捕捞生态经济系统平均环境负载率远低于山东省海水养殖生态经济系统的平均环境负载率。这表明,山东省海洋捕捞生态系统的环境更新能力受到的社会经济活动干涉的程度相对较小,但是不断增大的环境负载率使得海洋捕捞生态经济系统的生态环境再生产能力受到的压力也越来越大。

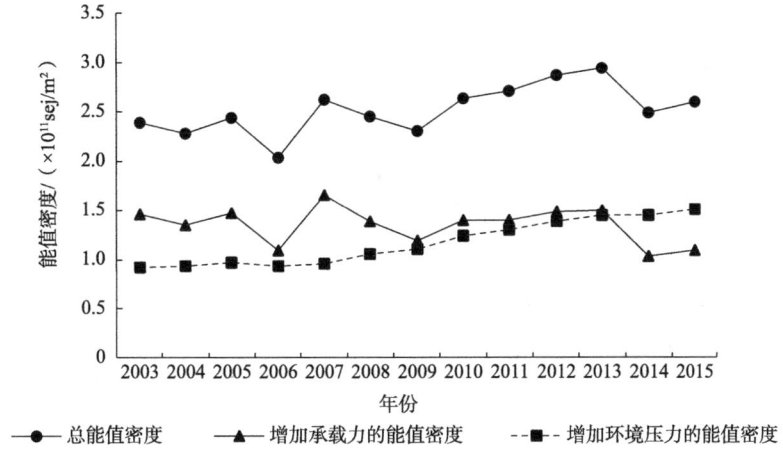

图 5-19　山东省海洋捕捞生态经济系统的能值密度

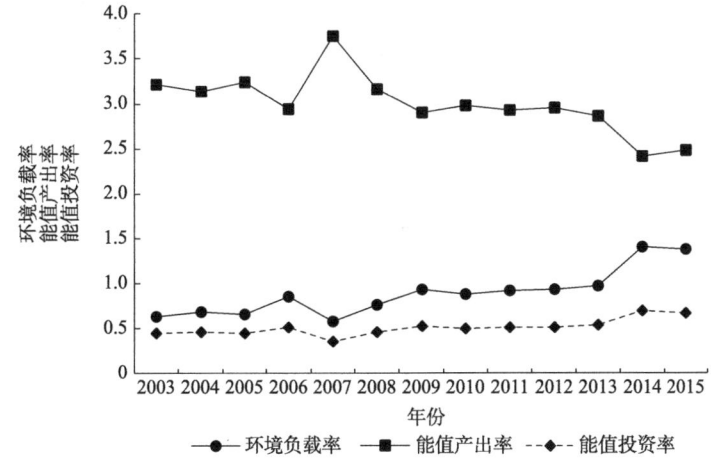

图 5-20　山东省海洋捕捞生态经济系统的环境负载率、能值产出率与能值投资率

（四）能值产出率

由图 5-20 可知，12 年间山东省海洋捕捞生态系统的经济社会反馈能值投入的产出率下降比较明显，由 2003 年的 3.22 下降到 2015 年的 2.48，下降幅度为 22.97%。这表明虽然山东省海洋经济社会系统对捕捞生态系统的能值投入有所增加，但是其产出效率下降较多。这与海洋渔业资源的过度捕捞导致渔业资源可再生能力下降，渔业可捕捞量减少密切相关。

（五）能值投资率

由图 5-20 可知，山东省海洋捕捞生态经济系统能值投资率小于山东省海洋渔业生态经济系统的能值投资率，更是远小于海水养殖生态经济系统的能值投资率。海洋捕捞生态系统的能值投资率在 2003 年为 0.45，2015 年增长到 0.68。在此期间，经济社会的反馈能值投入中有利于海洋渔业再生产的能值投资率所占比例几乎可以忽略不计。这反映了人们不重视增强海洋捕捞生态经济系统再生产能力的投入，经济社会系统的投入主要是为了从海洋生态系统获取更多的各种水产品。这种行为影响了海洋捕捞生态系统的自然再生产能力的维持，从而不利于海洋渔业资源的可持续供给。

（六）可持续发展指数

2003~2015 年，山东省的海洋捕捞生态经济系统可持续发展指数比较大，但是呈现快速下降的趋势（图 5-21）。2003 年的可持续发展指数为 5.06，2015 年下降到 1.79，年均下降 8.29%。山东省海洋捕捞生态系统可持续发展指数大于 1 的事实表明，山东省海洋捕捞生态系统的可持续发展状况好于海水养殖生态系统；不过，可持续发展指数的快速下降表明海洋捕捞系统所面临的环境负载压力快速增加。这种变化趋势也反映了山东省近岸海域渔业资源日趋枯竭的现实状况。

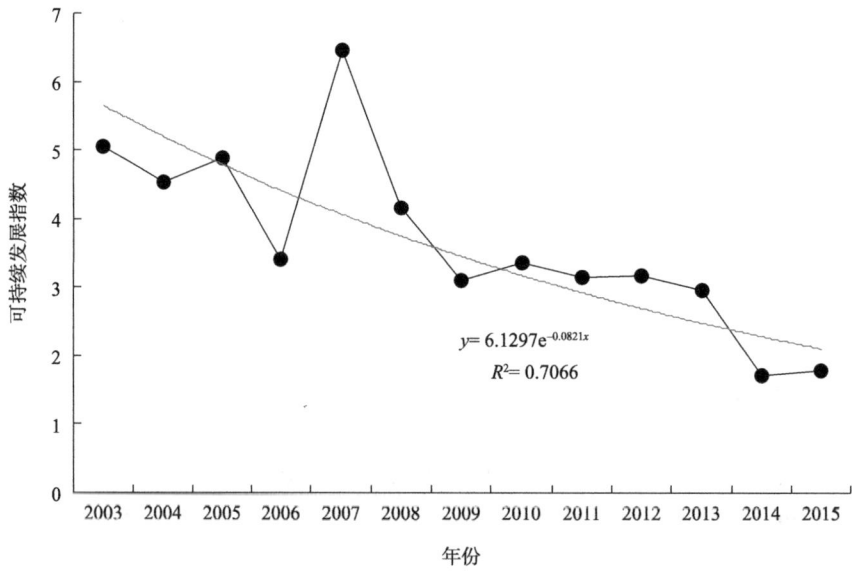

图 5-21 山东省海洋捕捞生态经济系统可持续发展指数

四、小结

山东省海洋渔业生态经济系统的环境负载率增加，能值产出率、可持续发展能力明显降低。从计算结果来看，山东省海洋渔业生态经济系统的发展状况不容乐观：环境负载率增加幅度较大，而能值产出率又不断下降，这导致可持续发展指数不断下降。2003~2015年，环境负载率增加32.66%，能值产出率下降22.85%。两个指标数值的逆向变化最终导致可持续发展指数下降66.84%，该指标的大幅度下降反映出海洋渔业生态经济系统的再生产能力受到极大的不利影响，该系统的物质流、能量流等存在较大的不可持续性。从增压能值密度的不断增加与增载能值密度平稳波动的对比中发现，在渔业生产过程中，人们将更多的物质和能量投入到对海洋生态经济系统的直接索取上，而将增加海洋生态经济系统的再生产能力的物质和能量的投入放在比较次要的地位上。在追求生态经济系统实现可持续和谐发展的背景下，这种传统的"经济理性"观念需要转变为"生态经济理性"观念并积极付诸实际行动。而这种转变也应该是一个由被动适应到主动适应的长期过程。

山东省海水养殖和海洋捕捞的能值投入及可持续发展状况差别很大。在总能值投入上，山东省海洋捕捞生态经济系统的能值投入量远大于海水养殖生态经济系统的能值投入量，这主要与养殖用海面积远小于捕捞用海的面积有关。但是从能值投入构成上来看，捕捞用海的能值投入主要是海洋可更新自然资源的投入，而养殖用海的能值投入主要是经济社会的反馈能值投入。这种能值投入结构也决定了养殖用海的环境负载率明显高于捕捞用海的环境负载率。从能值产出率看，养殖用海的能值产出率与捕捞用海的能值产出率差别明显，并且都呈现不断下降的趋势，其中捕捞用海的能值产出率下降得更多一些。这反映了海水养殖和海洋捕捞经济行为的经济社会系统能值投入的经济收益在下降，而海洋捕捞生产的经济收益率下降得更多，在一定程度上反映出渔业资源遭受到过度利用而影响了其再生产能力的恢复。从能值投资率看，海水养殖生态经济系统的经济社会能值投入量远高于海洋可更新自然资源能值投入量，而海洋捕捞生态经济系统则出现了相反的情况，经济社会能值投入量远低于海洋可更新自然资源能值投入量。从可持续发展指数看，海水养殖生态经济系统面临的压力明显高于捕捞生态经济系统面临的压力。这告诉我们，为了实现海洋生态经济系统的可持续发展，我们要改变既有的海水养殖模式和海洋捕捞行为，积极开展深远海养殖和现代海洋牧场建设，向海洋生态系统多输入增加其承载力的能值，保障海洋生态经济系统的可持续发展。

人们对海洋渔业生态经济系统的投入越来越大,但是这些投入更大程度上是增加海洋渔业生态系统的负担。增压能值投入过度,增载能值投入不足,就会对海洋渔业生态系统的再生产能力产生不利影响;反之,海洋生态系统的再生产能力将不断得以强化,海洋渔业生态经济系统就会朝着可持续的方向发展。从山东省的研究案例来看,海水养殖生态经济系统的增压能值投入不断增加并且远大于增载能值的投入,这导致海水养殖系统的可持续发展状况不断恶化,过度消耗着海洋生态系统的再生产能力。虽然海洋捕捞生态经济系统的海洋可更新能值投入基数较大,但是经济社会系统对海洋渔业资源保护的能值投入较少,也使得海洋渔业生态经济系统的可持续发展面临越来越大的压力。

第六章 山东省海洋渔业生态经济系统能值相图分析

根据第五章对山东省海洋渔业生态经济系统的能值分析结果，我们绘制了山东省海洋渔业生态经济系统及海水养殖生态经济系统、海洋捕捞生态经济系统的能值相图。通过分析海洋渔业生态经济系统及海水养殖和海洋捕捞两个分系统的资源线、敏感线和可持续性线的走势及其变动，我们可以非常直观地了解渔业生态经济系统的内在物质、能量等的流动方向、流量大小等信息，指导我们更好地发展海洋渔业生态经济，促进海洋生态文明建设。

第一节 海洋渔业生态经济系统能值相图总体描述

图 6-1 为山东省海洋渔业生态经济系统的资源结构配置与变化的能值相图。由图 6-1 可知，海洋渔业生态经济系统及其养殖系统和捕捞系统的可更新自然资源（R）、净化废弃物能值（N）和经济社会反馈能值（F）的投入关系存在明显差别，并且在 2003~2015 年均发生了明显变化。海洋捕捞系统的能值投入中，可更新自然资源占比最大，经济社会反馈能值投入占比次之，净化废弃物的能值投入占比最小，这导致其相位点距离顶点 R 最近且靠近 RF 线。海水养殖系统中，经济社会能值投入占绝对大比例，这导致其相位点靠近顶点 F。整个海洋渔业生态经济系统的相位点处于海水养殖系统相位点和海洋捕捞系统相位点之间。

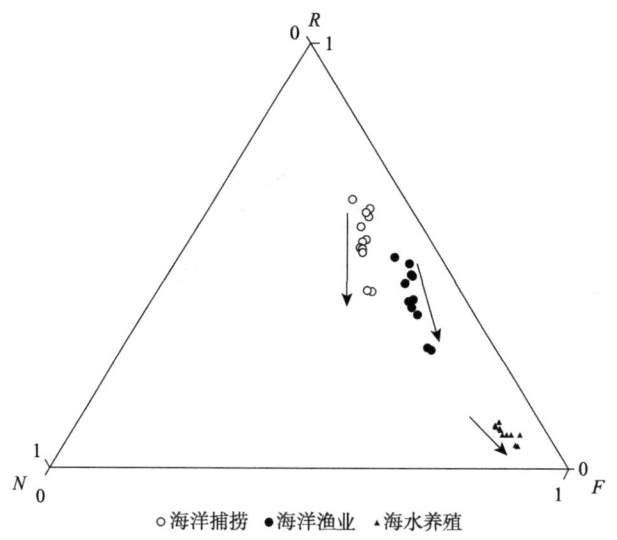

图 6-1　山东省海洋渔业生态经济系统的资源结构配置与变化的能值相图

图 6-1 中的箭头方向代表了 2003~2015 年海洋渔业生态经济系统、海水养殖系统和海洋捕捞系统能值比例变化走向。三者都呈现出经济社会反馈能值占比不断增加、自然可更新资源占比不断下降的趋势。其中海洋捕捞系统的相位点连线更接近于垂直,海水养殖系统的相位点连线明显向顶点 F 倾斜下降但是比较集中,整体的海洋渔业生态经济系统的相位点连线也呈现出向顶点 F 倾斜下降的趋势。这说明在海洋捕捞系统中,自然可更新资源的投入占比下降较快;在海水养殖系统中,经济社会反馈能值的投入占比趋于稳定;在整个海洋渔业生态经济系统中,经济社会反馈能值占比增加速度加快,可更新自然资源的投入占比下降速度也相应加快。

表 6-1 中的数据非常清楚地表明了它们的这些变化特点。由计算的结果可知,海水养殖系统中,经济社会的能值投入占比由 2003 年的 92.15%增加到 2015 年的 93.12%,可更新自然资源的投入占比由 2003 年的 4.69%下降到 2015 年的 2.92%,净化废弃物的能值投入占比由 2003 年的 3.16%增加到 2015 年的 3.96%;海洋捕捞系统中,可更新自然资源的能值投入占比由 2003 年的 61.09%下降到 2015 年的 41.92%,下降了近 20 个百分点,经济社会反馈能值投入占比由 2003 年的 31.06%上升到 2015 年的 40.33%,增加了近 9 个百分点;整体的海洋渔业生态经济系统的可更新自然资源能值投入占比由 2003 年的 48.09%下降到 2015 年的 28.48%,下降了近 20 个百分点,而经济社会反馈能值投入占比由 2003 年的 45.15%上升到 2015 年的 58.52%,增加了近 14 个百分点。

表6-1 山东省海洋渔业生态经济系统能值投入占比（单位：%）

年份	整体			养殖			捕捞		
	经济社会（F）	海洋资源（R）	环境净化（N）	经济社会（F）	海洋资源（R）	环境净化（N）	经济社会（F）	海洋资源（R）	环境净化（N）
2003	45.15	48.09	6.76	92.15	4.69	3.16	31.06	61.09	7.84
2004	46.87	45.49	7.64	92.24	4.46	3.30	31.83	59.08	9.08
2005	47.32	45.24	7.44	92.65	4.34	3.01	30.86	60.09	9.05
2006	50.20	39.88	9.92	92.32	3.79	3.90	34.03	53.73	12.23
2007	41.71	49.63	8.66	90.69	5.37	3.94	26.62	63.26	10.12
2008	46.77	43.53	9.70	91.36	4.58	4.06	31.58	56.81	11.62
2009	50.41	38.40	11.19	91.86	3.83	4.31	34.48	51.69	13.83
2010	49.80	39.47	10.73	91.51	4.43	4.06	33.62	53.06	13.32
2011	49.43	39.16	11.41	90.89	4.67	4.44	34.16	51.86	13.98
2012	50.82	37.78	11.40	91.70	4.22	4.09	33.78	51.77	14.45
2013	52.70	36.28	11.02	92.25	4.01	3.74	34.92	50.79	14.30
2014	59.50	28.07	12.42	93.49	2.77	3.73	41.37	41.57	17.06
2015	58.52	28.48	13.00	93.12	2.92	3.96	40.33	41.92	17.75

第二节 资源线分析

一、海洋渔业生态经济系统的资源线

在图6-2中，反映资源配置结构的相位点基本上逐年向右下方移动，所以分别标出了2003年和2015年的R资源线、N资源线和F资源线。由R资源线可以看出，山东省海洋渔业生态经济系统的可更新自然资源能值投入的比例在不断下降，2003年为0.48，2015年下降到0.28。相应地，环境负载率ELR由2003年的1.08增加到2015年的2.51。这说明山东省海洋渔业生态经济系统越来越多地依赖经济社会的反馈能值投入以及净化越来越多废弃物的能值投入。因此，随着人们对海洋渔业生态环境的影响日益加深，海洋生态环境面临的压力不断增大，这对海洋渔业生态经济系统生物再生产能力产生的负面影响也在不断增大。

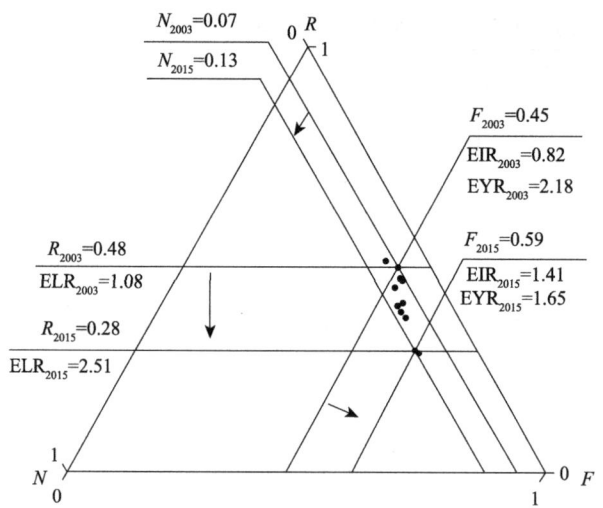

图 6-2 山东省海洋渔业生态经济系统相图资源线

净化废弃物能值投入在 2003~2015 年不断增加，2003 年净化废弃物的能值投入占比为 0.07，2015 年增加到 0.13。净化废弃物的能值投入占比增加幅度小于可更新自然资源的投入占比下降幅度，这可以很容易地从 2003 年的 N 资源线与 2015 年的 N 资源线间的较小距离得出这个结论。这反映出净化废弃物的能值投入给海洋生态环境带来的压力虽然有所增加，但是压力主要来源于经济社会反馈能值的投入。

经济社会反馈能值投入占比在 2003~2015 年不断增加。由 F 资源线可以看出，2003 年经济社会反馈能值投入占比为 0.45，2015 年增加到 0.59。这也说明，相对于净化废弃物能值投入来说，经济社会反馈能值投入是增加海洋生态环境压力的主要压力源。与 F 资源线相对应的能值投资率（EIR）和能值产出率（EYR）也反映出山东省海洋渔业生态经济系统的人为影响程度不断加深。2003 年 EIR 和 EYR 分别为 0.82、2.18，2015 年这两个指标分别为 1.41、1.65。EIR 的增加反映了经济社会投入不断增加，EYR 的不断下降则反映出经济社会投入的边际产出不断下降，即产出效率不断下滑。这个事实说明，我们可以通过某种方法，或者某些方法的组合，优化配置各种能值投入的比例，降低粗放式利用渔业资源的经济行为的盲目性，不断提升海洋渔业生态经济系统的产出效率。

二、海水养殖生态经济系统的资源线

由于海水养殖生态经济系统的相位点集中在顶点 F 附近，为了突出分析效果，我们只显示包含相位点的部分图像（图 6-3）。R 资源线、N 资源线与 F 资源线显示，

2003~2015 年在海水养殖生态经济系统中,经济社会反馈能值所占比例最高,并且各类资源的能值投入比例变化不大。2003 年经济社会反馈能值投入比例为 0.92,2015 年增加到 0.93;可更新自然资源能值投入比例由 2003 年的 0.05 下降到 2015 年的 0.03;净化废弃物的能值投入比例由 2003 年的 0.03 增加到 2015 年的 0.04。

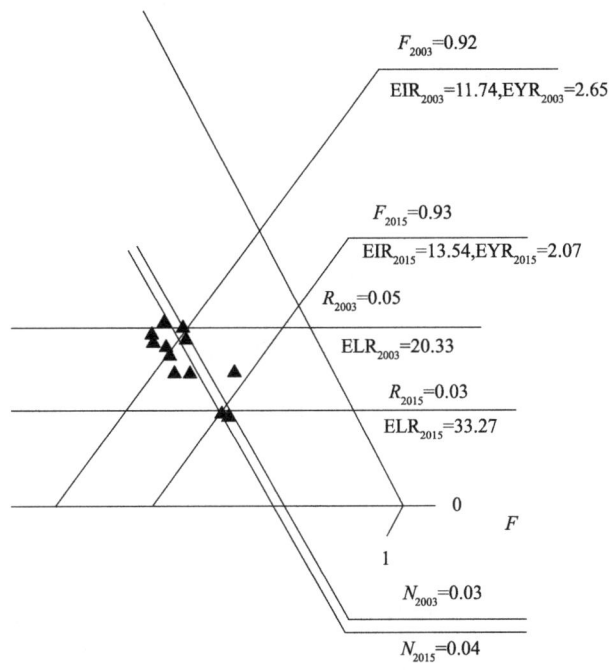

图 6-3 山东省海水养殖生态经济系统能值相图资源线

虽然三类资源能值投入比例在 2003~2015 年变化不大,但是 ELR 增加幅度较大,由 2003 年的 20.33 增加到 2015 年的 33.27;另外,EIR 由 2003 年的 11.74 增加到 2015 年的 13.54,EYR 由 2003 年的 2.65 下降到 2015 年的 2.07。这表明,山东省海水养殖生态经济系统的生态环境面临的压力越来越大,经济社会反馈能值的投入越来越高,但是其产出效率有所下降。这种现象要比山东省整个海洋渔业生态经济系统面临的同类问题严重得多。

三、海洋捕捞生态经济系统的资源线

图 6-4 反映了山东省海洋捕捞生态经济系统的能值投入结构配置及其变化情况。由图 6-4 可知,海洋捕捞生态经济系统的 R、N、F 的投入比例结构与海水养殖生态经济系统的三者投入比例结构存在明显差别。

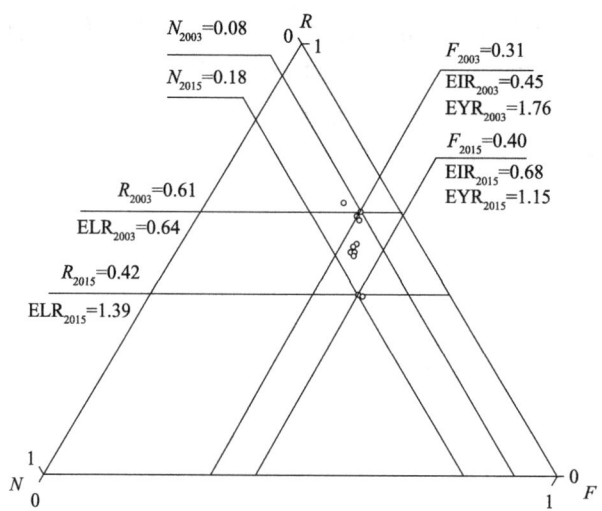

图 6-4 山东省海洋捕捞生态经济系统能值相图资源线

由 R 资源线可知，在 2003~2015 年山东省海洋捕捞生态经济系统的可再生自然资源投入比例由 0.61 下降到 0.42，下降了近 20 个百分点。与其对应的环境负载率则由 0.64 上升到 1.39。虽然山东省海洋捕捞生态经济系统的这个指标数值比海水养殖生态经济系统的指标数值小，但是其快速上升的趋势表明：由于捕捞经济活动的加剧，海洋渔业生态经济系统也在承受着越来越大的压力。

由 N 资源线可知，山东省海洋捕捞生态经济系统的净化废弃物能值投入比例在 2003~2015 年由 0.08 增加到 0.18。相比海水养殖生态经济系统而言，捕捞生态经济系统承受了更多的废弃物净化和降解压力。因此，为了减轻这种压力，我们一方面要提高海洋生态系统降解废弃物的服务功能，另一方面要有效控制陆源废弃物排放入海以及海上活动产生的废弃物直接排放入海。

由 F 资源线可知，经济社会反馈能值投入占比小于可再生自然资源能值投入占比，但是在 2003~2015 年社会经济反馈能值投入占比由 0.31 增加到 0.40；海洋捕捞生态经济系统的 EIR 由 2003 年的 0.45 增加到 2015 年的 0.68；EYR 由 2003 年的 1.76 下降到 2015 年的 1.15。相比海水养殖生态经济系统，山东省海洋捕捞生态经济系统的经济社会反馈能值投入占比明显小了很多，EIR 和 EYR 也明显小于海洋养殖系统的 EIR 和 EYR，这在一定程度上也反映了海水养殖是集约化生产和经济社会反馈能值密集型生产，海洋捕捞则是一种可再生自然资源能值密集型生产。

比较山东省海洋捕捞生态经济系统的三类能值投入结构变化情况，我们发现山东省海水养殖生态经济系统受到人类活动的影响更深刻，其生产能力的大小在很大程度上取决于经济社会反馈能值的投入（种苗投入为生物再生产提供生物质基础，饲料、电能等为生物生长提供营养物质和能源），而海洋捕捞生态经济系统的再生产能力在很大程度上取决于可再生自然资源的提供程度（如太阳能、风能、雨水化学能、潮汐能等）；从2003~2015年的发展变化来看，山东省海水养殖生态经济系统和捕捞生态经济系统出现了相似的发展趋势，即生态环境承受的压力不断增加，经济社会反馈能值投入和净化废弃物的能值投入在海水养殖生态经济系统和海洋捕捞生态经济系统中的重要程度均有所增加，而可再生自然资源能值投入的重要程度有所下降。

第三节 敏感线分析

一、海洋渔业生态经济系统的敏感线

在图6-5中标出了2003年和2015年的R敏感线、N敏感线和F敏感线。可以发现，山东省海洋渔业生态经济系统的三类敏感线具有比较大的差别。2003年和2015年的R敏感线非常接近，这表明在12年间，随着可更新自然资源能值投入占比明显下降，虽然净化废弃物排放的能值投入和经济社会反馈能值投入占比都有所增加，但是净化废弃物排放的能值投入增加速度更快一些。2003年F/N为6.68，2015年F/N为4.50。大部分经济社会反馈能值投入是为了更多地开发海洋渔业资源，因此在2003~2015年，F和N的持续增长导致海洋渔业资源承受的压力不断增大。

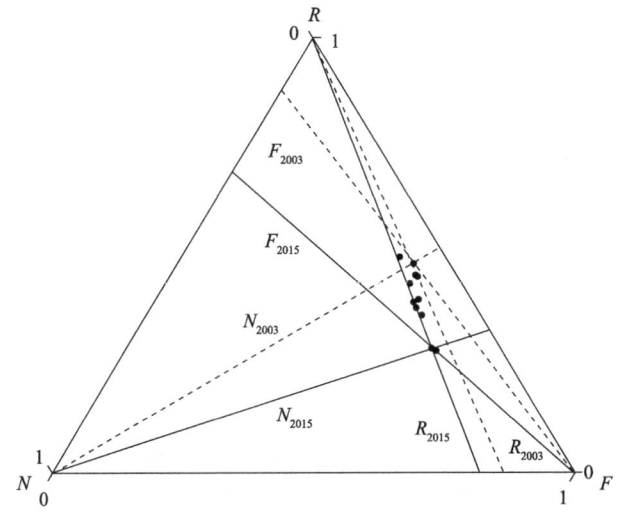

图6-5 山东省海洋渔业生态经济系统相图敏感线

2003年的 N 敏感线与2015年的 N 敏感线偏离比较明显。这导致产生了以下替换效应:本可以沿着2003年 N 敏感线向顶点 N 移动同样距离(到 RF 边的距离)使 N 有所增加的情况下,较小地降低 R 和 F 的能值投入占比,实际上却因为其在2015年 N 敏感线上左移了同样的距离,使得经济社会反馈能值投入明显增加,其增加的数量等于可更新自然资源投入下降的数量。这一行为改变了可更新自然资源、海水净化能值和经济社会反馈能值三者之间的能值投入配置结构,进一步增大了海洋渔业生态系统的环境负载率。有关这方面的具体分析见本节"四、敏感线变动的替换效应"。

2003年的 F 敏感线与2015年的 F 敏感线偏离也比较明显。R 能值投入占比下降,而 N 能值投入占比有所上升,最终导致 R/N 的比值发生了较大变化:由2003年的7.11下降到2015年的2.19。再考虑到 F 占比明显增加的事实,这从一个侧面也反映了山东省海洋渔业生态经济系统面临着越来越大的生态环境压力。

二、海水养殖生态经济系统的敏感线

海水养殖生态经济系统的相位点主要集中在顶点 F 附近,我们仅在图6-6中简单地标注出 R 敏感线、N 敏感线和 F 敏感线的大致状况。这反映出在海水养殖过程中,经济社会反馈能值投入占绝对大比例且变化较小,可更新自然资源投入与净化废弃物能值投入所占比重较小且变化也较小。这在一定程度上也反映了海水养殖生态经济系统的环境负载率较高的现实情况。对海洋养殖生态经济系统的可持续发展来说,如何提高海洋可再生自然资源的投入占比,优化经济社会反馈能值的绿色投入至关重要。

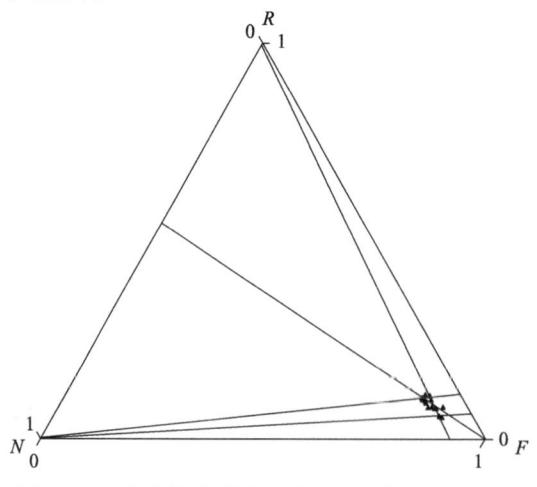

图6-6 山东省海水养殖生态经济系统相图敏感线

三、海洋捕捞生态经济系统的敏感线

如图 6-7 所示的山东省海洋捕捞渔业生态经济系统的三类敏感线在 2003 年和 2015 年的变化趋势与海洋渔业生态经济系统的三类敏感线相似。R 敏感线在 2003 年和 2015 年变化不明显,也就是随着 R 资源投入占比的减少,F 和 N 的投入比例都有所增加,并且由于 12 年间 R 值占比下降较多(下降了 20 个百分点),环境负载率明显增加。经计算可知,F/N 的数值在 2003 年和 2015 年分别为 3.96、2.27。这表明,在影响环境负载率的这两个因素中,净化废弃物的能值投入占比越来越大。这是一个值得引起注意的现象。

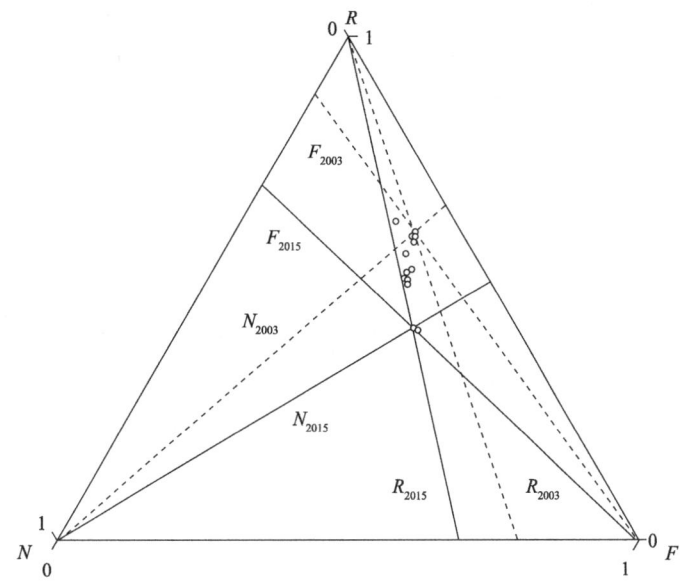

图 6-7 山东省海洋捕捞生态经济系统相图敏感线

N 敏感线在 2003 年和 2015 年偏离明显。这说明在捕捞系统中 R 和 F 之间发生了非常明显的变化,没有呈现与 R 敏感线相似的变化特点。从图 6-7 中可以发现,2015 年与 2003 年相比,F 明显增加,而 R 明显减少。F 和 R 之间的这种变化关系在第五章的分析中有所阐述,这也与在本节 "四、敏感线变动的替换效应" 中分析的替换效应有关。

2003~2015 年 F 敏感线的明显变化反映了 R 资源投入占比和 N 投入占比变化也非常明显。从图 6-7 中可以看出,2015 年的相位点向左下侧偏离了 2003 年的 F 敏感线并向 F 点移动,随着 F 投入占比的增加,N 投入占比明显增加但是

R 占比明显下降，使得 R/N 的比值发生了明显的变化：两者的比值由 2003 年的 7.79 下降到 2015 年的 2.36。

四、敏感线变动的替换效应

在第四章第四节第四目中已经对敏感线变动的替换效应进行了解释，我们在这里仅对海洋渔业生态经济系统敏感线移动的替换效应进行分析。因为各类敏感线变动引致的替换效应证明原理相似，所以我们选择海洋渔业生态经济系统的 N 敏感线变动情况进行分析。为了方便进行说明，我们将图 6-5 简化为图 6-8。过 2015 年相位点 B 做平行于 RF 边的平行线（即 2015 年的 N 资源线），交 2003 年的 N 敏感线于点 A，然后过点 A 做 F 资源线。由敏感线的性质可知，A 相位点是 2003 年相位点沿着 2003 年 N 敏感线向 N 点移动的结果，代表 N 资源投入比例增加，并且增加了 $N_{2015} - N_{2003} = 0.13 - 0.07 = 0.06$。同时 R 资源和 F 资源投入占比减少，可以计算出沿着 2003 年的敏感线相位点移动到 A 点时，R 和 F 的占比分别为 0.45、0.42。但是实际上，2015 年的相位点为 B 点。从 B 点与 A 点的比较可以看出，2015 年 R 的投入占比实际上减少，而 F 的投入占比明显增加。R 减少的数值为图形中的线段 AD，F 增加的数值为图形中的线段 BC，并且 $AD=BC$。计算可知，A 相位点移位至 B 点导致 R 减少 0.16，相应地 F 增加了这个比例。在此基础上，我们可以很容易计算出环境负载率的变化情况：若 2003 年相位点移动到 A 点时，环境负载率由 1.08 增加到 1.23；当 2003 年相位点在 2015 年移至 B 点时，环境负载率则由 1.08 增加至 2.51。由此来看，三者之间的投入结构变化未沿着 2003 年的 N 敏感线移动的一个结果，就是可更新自然资源的投入占比明显下降，而经济社会反馈能值投入明显增加，导致环境负载率明显增加。这个分析结论告诉我们，2015 年海洋渔业生态经济系统的发展状况与 2003 年的发展状况相比，其资源使用配置趋于非合理化，如果我们结合后续的可持续分析可知，这种发展模式是不可持续的。因此，敏感线及资源线的配合使用可以帮助我们有效地判断各种资源投入是否更合理。这有助于制定科学的海洋渔业资源开发政策，促进实现海洋渔业生态经济系统的可持续发展。为了便于了解山东省海洋渔业生态经济系统及海水养殖生态经济系统、海洋捕捞生态经济系统的各类敏感线变动的替换效应，我们将相关数据列于表 6-2。

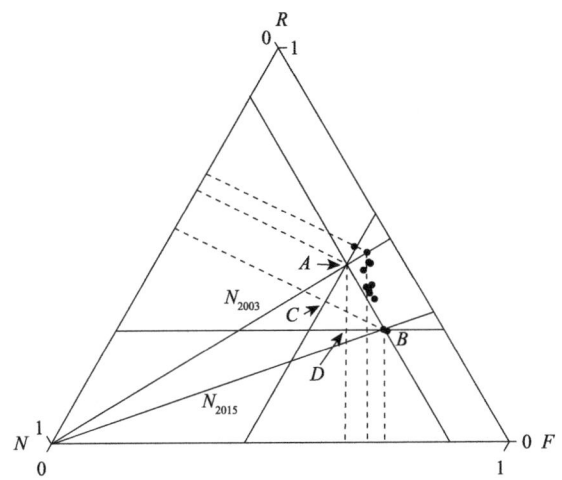

图 6-8　山东省海洋渔业生态经济系统 N 敏感线变动的替换效应

表6-2　山东省海洋渔业生态经济系统各类敏感线变动的替换效应

类别	R 敏感线			N 敏感线			F 敏感线		
	F	N	ELR 变化	F	R	ELR 变化	R	N	ELR 变化
整体	-0.04	0.04	0	0.16	-0.16	1.28	-0.08	0.08	0.76
养殖	-0.01	0.01	0	0.02	-0.02	12.76	-0.01	0.01	9.92
捕捞	-0.06	0.06	0	0.13	-0.13	0.55	-0.11	0.11	0.49

注：资源占比替换效应为负值，表明该类资源能值占比减少，相应的另外一类资源能值占比增加该数值；反之，则反。ELR 为正值，表明 2015 年的环境负载率在资源投入结构改变后有所增加；反之，则反

由表 6-2 可知，海洋捕捞生态经济系统的三类敏感线变动的替换效应都比较大，而海水养殖生态经济系统的三类敏感线变动的替换效应都比较小；海洋渔业生态经济系统及其养殖生态经济系统、捕捞生态经济系统的 N 敏感线变动的替换效应在各自系统三类敏感线变动的替换效应中都是最大的。这说明，在 2003~2015 年海洋捕捞生态经济系统的 R、N 和 F 投入结构变动最剧烈，海水养殖生态经济系统的 R、N 和 F 投入结构变动较小。再结合 N 敏感线变动的替换效应最为明显的现象，进一步印证了海洋渔业生态经济系统特别是捕捞分系统中经济社会反馈能值投入的大幅度增加，海洋渔业生态经济系统及其捕捞分系统能值产出率下降，进而导致可持续发展指数明显下降的事实。如果再考虑伴随这种替换效应的环境负载率的增加，更加反映出海洋渔业生态经济系统及其两个分系统实现可持续发展所面临的严峻形势。

第四节 可持续性线分析

由图6-9可知,山东省海水养殖生态经济系统的可持续发展指数均在0.5以下,这说明海水养殖生态经济系统在生产过程中环境负载非常重,可再生自然资源的输入非常有限,经济社会反馈能值所占比例极高。这非常不利于海水养殖生态经济系统的可持续发展。事实上,山东省海水养殖中存在的严重生态环境问题及增压能值投入量太大的问题非常突出。

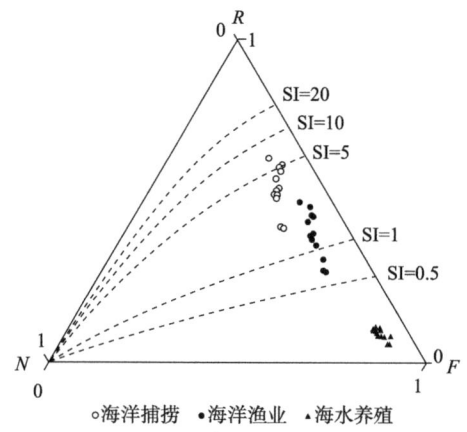

图6-9 山东省海洋渔业生态经济系统相图可持续性线

山东省海洋捕捞生态经济系统的可持续发展指数 SI 在 2003~2015 年迅速下降,由 2003 年的 5.05 下降到 2015 年的 1.79。虽然海洋捕捞生态经济系统的发展状态在 12 年间均大于 1,但是可持续发展指数快速下降的趋势说明山东省海洋捕捞生态经济系统的可持续发展状态令人担忧。研究期间山东省每年能够维持 220 万 t 左右的海洋捕捞产量,这一方面是不断加大经济社会反馈能值投入量的结果,另一方面也是不断以过度捕捞、牺牲近岸渔业再生产能力为代价的短视行为所换取的结果。如果不从根本上改变这种不可持续的捕捞行为,山东省海洋捕捞生态经济系统的可持续发展指数持续下降将是不可避免的。

山东省海洋渔业生态经济系统的可持续发展指数均低于对应年份的海洋捕捞生态经济系统的可持续发展指数,这是海水养殖生态经济系统的可持续发展指数偏低的弱化作用所致。海洋渔业生态经济系统的可持续发展指数由 2003 年的 2.05 下降到 2015 年的 0.68。这表明,山东省海洋渔业生态经济系统已经处于不可持续发展的状态。这种分析结果印证了山东近海渔业资源趋于枯竭,海洋渔业经济面临极大挑战的事实。

第五节 山东省海洋渔业生态经济系统未来发展方向预测

通过分析山东省海洋渔业生态经济系统及其两个分系统的能值相图,我们对三者在2003~2015年的发展趋势有了一个非常全面的了解。总的来说,山东省海洋渔业生态经济系统尤其是它的养殖生态经济系统对经济社会反馈能值的依赖程度不断加强,海洋环境负载压力增加,系统的可持续发展状况明显下降或者不可持续性加强。

由海洋渔业生态经济系统相图可知,山东省海洋渔业生态经济系统的发展趋势可能会出现两种情况(图 6-10)。第一种情况,海洋渔业生态经济系统沿着 F 敏感线向 F 点发展,即沿着图 6-10 中的实箭头方向发展;第二种情况,海洋生态经济系统沿着 R 敏感线向 R 点发展,即沿着图 6-10 中的虚箭头方向发展。这两种发展趋势产生的后果截然不同。

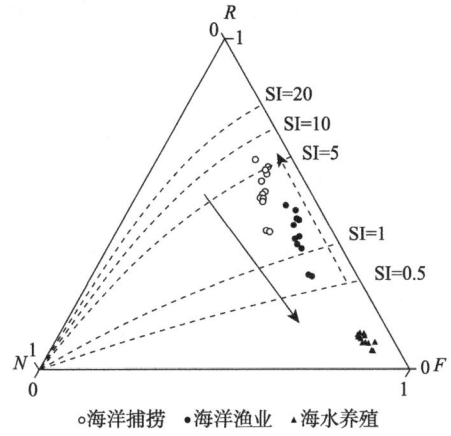

图 6-10 山东省海洋渔业生态经济系统未来发展方向

当海洋渔业生态经济系统沿着图 6-10 中的 F 敏感线向 F 点发展时,意味着在渔业生态经济系统发展过程中,经济社会反馈能值投入占比不断增加,海洋可再生自然资源能值投入占比进一步下降,生产过程对海洋渔业资源造成的压力越来越大，海洋渔业生态经济系统发展的不可持续性也更加严重。一个需要特别注意的现象是，经济社会反馈能值投入不断增加的过程，实质上也是海洋渔业生态经济系统的结构及其再生产功能不断受到更深刻影响的过程。经济社会反馈能值投入占比越高，外部资源投入对海洋渔业生态经济系统的结构和再生产功能所造成的影响也就越大。虽然受到海洋可再生自然资源在一定时期内的有限性以及废弃物对海洋生态环境污染的双重约束，但以减少经济社会反馈能值投入占比来适应海洋可再生资源的数量，使海洋渔业生态经济系统的发展退回到最初的发展状态不是一种理性的选择方案[①]。

当海洋渔业生态经济系统沿着图 6-10 中的 R 敏感线向 R 点发展时，意味着在渔业生态经济系统发展过程中，海洋可更新自然资源对渔业生产的贡献率不断提高，而经济社会反馈能值投入占比和净化废弃物的能值投入占比基本上同等程度不断下降。这一变动趋势将使得生产过程对海洋环境造成的压力有所改观，海洋渔业生态经济系统的结构和再生产功能向良性发展，海洋渔业生态经济系统的不可持续性发展态势会得到缓解甚至扭转。由前述敏感线变动的替换效应可知，沿着 R 敏感线向 R 点发展与沿着 F 敏感线背离 F 点发展相比，在减少同样比例的 F 资源投入的同时会比较多地增加 R 资源投入占比，以及减少 N 资源的投入，或者说在增加同样比例的 R 资源投入需要减少较小比例的 F 资源投入。因此，在一定程度上可以说，沿着 R 敏感线向 R 点发展是对沿着 F 敏感线背离 F 点发展的一种"替换效应"。这种替换效应可以使经济社会反馈能值投入占比减小的幅度保持在系统发展状态能够承受的范围内，同时又显著改观可更新自然资源投入占比，取得实现系统发展状态扭转的一个多赢结果。

比较上述两种发展趋势的后果可以得到如下结论：第二种方案，即沿着 R 敏感线向 R 点发展，将更有利于促进海洋渔业生态经济系统实现可持续性发展。在具体发展过程中采取科学的发展途径和措施是落实这一方案的着力点。这要基于节约、保护、增殖、绿色等原则，采取适应性管理措施。通过适应性管理，创新海洋渔业生态经济系统管理模式，特别是海水养殖生态经济系统管理模式，提高经济社会投入能值的产出效率，使 R、F、N 之间达到一个合理的结构比例，促进海洋渔业生态经济系统的良性发展。

---

① 虽然在一段时期内，应对海洋渔业资源枯竭的一种重要途径是鼓励或者强制部分渔民弃船上岸，进行就业转型，但是山东省近海捕捞和养殖机械总动力由 2003 年的 153.92 万 kW 增长到 2015 年的 166.69 万 kW，增长了 8.37%。

第六节 讨 论

运用能值相图方法对海洋生态经济系统的可持续发展状况进行评价，不仅能够了解系统的发展是否处于可持续状态，而且能够方便地辨明影响实现可持续发展的压力来源及应该努力的方向。研究能值三元相图应该注意以下几个方面。

第一，运用能值相图方法进行分析的第一个前提是各种要素处于有效配置状态，不存在资源浪费。因此，若技术状态的改善导致资源投入的边际产出不断提升，则相位点将不断向右上方移动，实现可持续发展的前景越来越好；否则，技术状态的恶化将导致相位点向左下方移动，实现可持续发展的前景可能会越来越不乐观。

第二，运用能值相图方法进行分析的第二个前提是各资源要素投入之间不存在经济学中的固定比例生产函数形式。这意味着随着一种或者多种要素投入量的变化，各要素投入结构发生变化。从生态经济系统中获得的产品虽然不像化学工业生产的产品结构和性质都有可能发生变化，但是能够影响要素提供方的持续供给能力。

第三，运用能值相图进行分析的第三个前提是可更新资源和不可更新资源的持续提供不受限制。但是事实上，目前海洋自然资源尤其是渔业资源的可再生能力受到了极大的威胁。因此，应用能值相图分析可持续发展应该尝试探索新领域、新形式和新内容。

第四，由可持续性线的定义可知，一条既定可持续性线上的任意两个相位点的可持续发展指数相等，但是这两个相位点上的 R、N、F 的比例关系是不同的。因此从经济学的意义上能够找到要素投入的最优组合将是一个非常有意义的工作。

第五，能值相图反映的是各要素的配置比例关系，没有反映各要素投入的绝对数量。因此，平面图上的同一个相位点也可能反映了各要素投入的不同绝对数量，不同相位点也可能反映了各要素投入的相同绝对数量的不同比例关系。

第六，利用能值相图进行分析的一个重要目的是为适应性管理提供相关信息。合理开发利用海洋资源，适应其再生产能力是一个非常重要的问题。信息不完全、不确定是进行适应性管理的重要前提。能值相图反映的各要素利用信息及可持续发展状态与发展趋势有利于对海洋生态经济系统进行适应性管理。

第七章 海洋生态经济系统适应性管理模式

第一节 海洋生态经济系统适应性管理的内涵与特征

一、生态经济系统适应性管理的内涵与特征

20世纪90年代，适应性管理在北美和澳大利亚开始受到重视并被应用于社会实践。1995年，美国渔业与野生动植物管理局率先对北美水鸭捕获实施适应性管理。这一项目的指导原则是保障区域经济效益与生态价值，通过构建预测模型，设计实施计划并进行监测。在实践中将实际结果与预测结果进行比较，对预测模型不断进行调整，然后再根据调整后的预测模型，对下一年的水鸭捕获计划重新进行决策、实施、监测、评估和模型再优化，这是一个循环往复的过程[89]。适应性管理为大范围开展动物保护提供了一套有效的理论与决策方法。目前，适应性管理已引起生物、经济、生态、教育、心理等众多领域学者的关注与研究兴趣。

适应性管理最初的名称是"适应性环境评估与管理"（adaptive environmental assessment and management），它是由生态学家C.S. Holling在1978年提出的[90]。适应性管理也被称为"情境管理"（contextual management），或生态系统管理。适应性管理方法的提出最初是为了克服静态环境评价和管理的局限性，并致力于改进对一些不确定性问题的认识，即文化、策略和社会系统如何相互交织，以及它们从局部和全球尺度上如何影响生态系统[91]。

关于适应性管理的概念，不同学者持不同的观点。K. N. Lee认为适应性管理是将有利的自然用途看作一项试验，新的信息不断被验证与评估，我们从中有效地吸

取经验，并相应调整战略目标和战略决策[92]；Lessard指出适应性管理是一个连续的过程，包括基础规划、监测、研究和调控等，以此获得较理想的目标和成果[93]；Vogt等认为适应性管理是在生态系统功能和社会需要两方面建立可测定的目标，通过控制性的科学管理、监测和调控管理活动来提高当前数据收集水平，以满足生态系统容量和社会需求方面的变化[94]；Loucks和Gladwel认为适应性管理是一个不断调整行动和方向的过程，根据整体环境的现状、未来可能出现的状况及满足发展目标等方面的新信息来进行调整[95]；郑景明等提出，适应性管理是将民主原则、科学分析、教育、法规学习结合起来，在不确定性的环境中可持续地管理资源的过程，包括连续的调查、规划、实施、评估、调控等一系列行动[96]；杨荣金等指出适应性管理基于人类对于生态系统的理解是不完全的以及管理行为的生物物理响应具有很高的不确定性两个前提[97]；佟金萍和王慧敏认为适应性管理是指围绕系统管理的不确定性展开的一系列设计、规划、监测、管理资源等行动，确保系统整体性和协调性的动态调整过程，目的在于实现系统健康及资源管理的可持续性[98]。

可以说，适应性管理主要面向随着管理实践与环境状况变化而变化的自然资源管理问题[99]。与传统的管理方法相比，它所研究的问题大多具有较高的不确定性和较低的可控性。一般而言，不确定性主要有以下几种类型：由可用数据的不确定性而导致的知识缺乏的不确定性；对系统本身理解的不确定性，这不仅是历史趋势变化的不确定性，而且是产生这种不确定性的系统组成要素之间的相互作用的过程，包括非线性、反馈圈、延迟性、滞后性等；确定性事件的不可预见性，如气候变化和极端事件的不确定性；规则及潜在的心理模式多样性引起的不确定性；等等。

目前，管理者正面临着从区域到全球尺度范围的不确定性变化，如气候变化、社会经济发展快速、全球变化影响加剧等都在加剧这些不确定性。这就需要管理者变革管理模式和方法，同时具有适应性和通过积累并吸收以往经验和见解以改变管理实践的能力，通过不断调整战略、目标及方案等，以适应快速变化的社会经济状况与生态环境，维持可持续的生态经济系统，增强生态经济系统的恢复能力[100]。适应性管理方法与传统管理的根本区别在于：适应性管理是从试错角度出发，管理者随环境变化特别是不确定的影响变化，不断调整战略来适应管理需要，管理流程因强调反馈而呈环状；传统管理一般采用行政指令，对不确定性问题的考虑甚少，管理流程呈线状，导致管理滞后现象突出。

总的来说，适应性管理将科学和社会学习作为追求管理目标时可以合作的工具，是一个通过从已经实施策略结果中学习来持续改进管理政策与实践的系统过程[101]，是对实现可持续发展的一种路径探索。由此看来，适应性管理具有以下内涵。

第一，适应性管理是一个动态开放过程。在适应性管理进程中，管理者在决策过程中不断随着管理对象与外界因素等的变化而调整自己的计划和行动，以降低不确定性风险。在这个过程中，管理者能够包容关于管理过程中出现的不同观点、意见和建议，并及时做出积极反馈。

第二，适应性管理理论是一种行动理论。适应性管理具有明显的"干中学"特征，即在管理过程中不断学习，并积极地运用学习结果来指导后续行动。这保证了适应性管理者将政策制定放在特定环境中进行讨论，重视政策的实用价值和实践潜力，而不是简单地将政策制定问题放在学术原则的架构中来讨论，从而增强了政策制定的及时性、科学性和有效性。

第三，适应性管理是对政策形成和管理的建设性回应。适应性管理者并不知道什么政策是可持续的。他们在前期的管理效果或者管理问题的指引下制定、调整和改进政策。在不确定性普遍存在的情况下，适应性管理思想反映了一个开放的、实验性的管理决策新范式。

第四，适应性管理是一种策略。这种策略既可以降低管理中的不确定性带来的管理风险，也可以调和与利益相关者各方面之间的矛盾与分歧。它以柔性的管理策略来协调不同利益群体之间的关系，以达到协调管理和实现整体利益的最大化。

适应性管理者采取一种开放的态度，即解决生态环境问题的行动必须同时考虑生态经济系统发展变化的不确定性，并在后来的决策中对我们的不确定方针进行矫正。适应性管理一般具有以下三个特征[102]。

第一，经验主义。适应性管理是一种实验性科学管理。适应性管理者非常重视经验主义。为降低不确定性，适应性管理者对管理实践进行有意识的研究，通过管理活动检验关于自然系统的假设，从实验计划和其他实验中学习经验，在以后的管理中对于相似的问题可以结合前期经验进行处理。

第二，多层建模。生态经济系统是极其复杂的多层级的动态系统，因此适应性管理者在多层级时间和空间系统中考察生态经济系统管理问题，在多层级时空维度上分析生态经济系统的各类资源。管理者不仅要在当代的层级，而且要在以后几十年甚至数百年的层级上对经济活动对生态经济系统的影响给予高度关注。这是对生态经济系统是开放系统的反映，也是对将生态经济系统理解为一个各部分之间具有复杂多变的、多维度的互相影响关系的反映。

第三，位置取向。管理者用"位置取向"作为多层级管理分析各类资源问题的出发点，其对产生资源管理问题的背景很敏感。例如，在渔业管理中，将适应性管理过程理解为一种以地方为基础的可持续管理的探索，从而保证渔业社区的共同成员能够并且也愿意参与到渔业治理的行动中，并且使社区成员充分认识到这些行动将影响到他们在社区中的生产和生活。位置取向的存在使得适应性管理必然伴随着政府、企业、公众、非政府组织和渔业资源使用者之间不可避免的互动。

总的来说，适应性管理就是要将系统内的相关利益群体全部纳入地区经济和社会文化环境中来，充分认识到利益网络与社会和生态总体目标相兼容的可能性。它的一项前期工作是评估不同时空尺度上与经济环境有关的社会文化、经济和生态价值等。例如，海洋渔业资源的社会经济评估中应该正确认识到目前的和未来可能的海洋渔业资源利用的变化情况，以及由此产生损益的可能变化。这需要建立合作、透明和灵活的规划和管理框架，特别是在海洋生态系统边界与管辖权或行政权的边界不一致时，就要在保留规章制度等独立权力条件下制定互补的管理策略[97]。

适应性管理模式与传统的管理模式存在以下几点比较明显的区别。

第一，强调对过程的全生命周期管理。适应性管理是在广泛的研究与沟通中形成的，它以全社会参与，政府与其他利益相关者合理分享管理权利与责任为先决条件。实现适应性管理还需要体制建设、信任构建与社会资本的发展与完善[103]。为了综合考虑管理中不同种类的不确定性，适应性管理并不是简单地表现为反复试验[104]，而是认为从政策制定到实施的全过程是一个由问题识别、政策形成、政策实施、系统监测及评价与反馈等一系列行动组成的迭代循环过程，并提倡对政策进行全生命周期管理。

第二，强调从知识管理到知识创新的转变。对生态经济系统的适应性管理是一个信息密集型的跨学科、跨领域的尝试。它需要对动态开放系统的复杂性进行综合了解，在多重尺度上监测系统各方面状态、制定决策并对系统反馈做出反应[105]。由于生态经济系统的内在复杂性及各种不确定性，任何组织或机构难以完全拥有管理所需要的各种知识与信息。也就是说，适应性管理的明显特征之一，就是通过充分的交流、沟通等方式将管理者、科学研究者及其他利益相关者紧密联系在一起，使知识从个体私有向群体共享转变，实现知识共享与知识创新，从而实现利益共享并形成持续的良好的互动关系。

第三，强调群体决策过程。综合视角下的生态经济系统管理对象不再局限于自然生态系统，而是扩展到包含自然生态系统、经济系统和社会系统的复合系统。对自然生态系统科学认知的不足，单纯的环境管理可以采用控制等刚性的管理方法；但是，人的主动性与系统的不确定性决定了在对复合系统特别是非结构化问题的管理上需要应用柔性的管理方法。适应性管理把利益相关者引入到决策制定过程中，更有利于资源争端与环境冲突的合理解决。在政策形成阶段，适应性管理综合考虑不同利益相关者的视角、利益与价值观，在多框架下通过沟通、协商与谈判达到对问题的普遍认识与共同的阶段性目标，保证管理决策的公平性与公正性。只有这样，决策才能获得广泛的支持并得以顺利执行，同时有利于后续的管理目标、计划、方案等的合理调整。因此，决策制定与执行的过程也是信任构建的过程。正如 Pahl-Wostl 和 Hare 所言，管理不是为了寻求问题最优解决方案，而是一个持续的学习与沟通的过程，其中最优先的是交流、共享观点和提出适应性群体策略[106]。因此，将公众等利益相关者群体引入到管理之中，一方面，有利于公众等利益相关者从被动接受向主动商议转变，提高政策的公正性与支持度；另一方面，决策执行过程能够广泛地吸纳社会资本，而不是单一的依赖政府投资，最终有助于管理目标的顺利实现。

第四，将社会学习作为出发点。适应性管理是一个以不断提高对系统的认识水平和调整与改善管理策略为基本特征的迭代学习过程[107]。社会学习是适应性管理中最核心的特征[91]。社会学习理论强调社会的主动参与，强调在价值与自我同一性形成中人与环境的动态交互①。在适应性管理中，社会学习不单单注重构建学习型政府，而是在包括政府、科研机构、企业及社会个体层次等更为广泛的空间开展学习。以现行或未来的新技术为依据，通过反复实践、监测、评价及调整，在实践中学习寻求适应各利益相关者群体的最佳管理策略，从传统的以保护为特征的专家知识灌输向基于团体的开放学习转变，以保证适应性管理的顺利开展。

二、海洋生态经济系统适应性管理

海洋生态经济系统是一个开放的复杂巨系统。它在自然状态、经济行为、社会行为和管理行为等方面具有很大的不确定性，因此对海洋生态经济系统的管理也应该是适应性管理。参照上述适应性管理的定义，海洋生态经济系统适应性管理可以定义为：针对海洋生态经济系统中的不确定因素展开的识别、监测、评估、应对、调整等一系列行动的反复循环过程，通过不断调整管理模式及优化配置方案来提高海洋生态经济系统的适应能力，促进海洋资源的开发利用以不断适应社会、经济、生态环境等各方面协调、可持续发展的需要，实现海洋生态经济系统健康及资源管理的可持续性。

海洋生态经济系统适应性管理模式是我国海洋管理不断创新的产物。在新中国成立初期，我国海洋开发与利用水平低下，高度计划经济体制下依靠政府的权威实施对海洋开发活动的管理。方法机械、高度集中、运动式的管理模式在短期内的确提高了海洋开发利用的经济效率，但是却对海洋生态环境产生了严重的破坏后果。随着人们对海洋的认识不断深化，在海洋管理体制由分散到统一、再到综合管理的转变过程中，海洋生态经济系统的概念逐渐被政策制定者和管理者所接受，海洋适应性管理的理念也日益形成。

海洋生态经济系统适应性管理与海洋生态经济系统传统管理的具体区别见表 7-1。适应性管理模式在管理范式、管理体制、管理目标、管理手段、管理尺度、信息集成、筹资与工程建设、行政管理主体、保障机制等许多方面与传统的管理

---

① 自我同一性：本意是证明身份，指个体尝试着将与自己有关的各方面结合起来，形成一个自己决定协调一致的不同于他人的独具"统一风格"的自我。Marcia 等心理学家认为，同一性是指个体将自身动力、能力、信仰和历史进行组织，纳入一个连贯一致的自我形象中。它包括对各种选择和最后决定的深思熟虑，特别是关于工作、价值观、意识形态和承诺等方面的内容。

模式具有明显区别。适应性管理是摒弃了政府、企业和公众等利益相关者之间的不平等的主动和被动关系而转向各利益相关者之间具有平等主体关系的合理治理模式的一种尝试,是海洋生态经济系统未来治理的一个方法创新和发展趋势,赋予了海洋综合管理的一个重要新内容。通过建立适应性管理模式,可以加快政府职能由权威型向服务型转变,加快建立和完善具有公益性质的海洋中介机构,理顺海洋生态经济管理体制的纵向、横向和斜向关系,增强条块管理的协同程度[108]。因此,我们应该积极探讨适应性管理在我国海洋生态经济系统治理中的应用。

表7-1 传统管理模式与适应性管理模式的区别

内容	传统管理模式	适应性管理模式
管理范式	机械的系统方法,认为所管理的问题是确定性的,系统是可控制的、可预测的,并用线性影响链对其预测与控制	基于复杂系统方法,承认所管理的问题具有复杂性与不确定性,主张将复杂性与不确定性纳入动态管理过程
管理体制	集中式、分等级、运动式,缺乏利益相关者的广泛参与	多中心、扁平化、利益相关者广泛参与
管理目标	刚性管理,目标单一且难以调整,往往出现目标不当而影响整体方案的实施效果	柔性化管理,根据认知水平的提高与反馈结果,积极响应,及时调整目标、战略和方案等,提高对不确定情况下的适应能力
管理手段	自上而下的行政管理手段为主,注重规划及末端治理,市场手段与社会化管理手段欠缺,管理范围狭窄,条块管理,以部门或者区域	多种手段相结合,多规合一,强调社会学习、协同管理,自上而下与自下而上管理相结合
管理尺度	利益导向为主,容易产生局部优化而整体失调失衡	陆海统筹,集成管理,跨部门、跨区域进行整体协调管理,注重发展的均衡性和协调性
信息集成	与决策相关的信息被人为割裂、封锁,难以融合共享,造成认识片面化,数据采集重复、遗漏、矛盾并存	通过大数据平台,信息互通,集成共享实现对问题的及时、综合、科学理解
筹资与工程建设	政府财政拨付为主,结构性保护与沉没成本问题严重,工程重复投资与建设	资金来源多样化,工程建设根据需要维持在适当水平,资金的综合效益高
行政管理主体	多主体职责交叉、重叠、缺失,推诿、延误等问题突出	大部制、单一主体宏观管理,职责全覆盖,处理高效、及时、透明
保障机制	高度、单一的行政机制	多元化的行政机制、市场机制、社会机制相互配合,优势互补

注:参考了文献[109]~[111]

第二节 适应性管理的主体构成

适应性管理以整个海洋生态经济系统为对象,以实现整个生态经济系统的协调、可持续发展为目的,需要建立在广泛的社会基础和共识基础之上。也就是说,海洋生态经济系统适应性管理中各利益相关者之间相互作用的结果对于管理目标的实现与否以及程度问题至关重要。海洋生态经济系统适应性管理涉及的利益相关者可以分为以下几类：政府机构，包括中央政府、省级地方政府、具有协调功能的政府行政部门、省级以下地方政府等；生产者，包括企业、渔民等；科研机构；其他利益相关者，包括公众、媒体和非政府组织等。另外，还应该包括海洋生态系统。毕竟适应性管理的目的是实现海洋生态经济系统的可持续发展，海洋生态系统是适应性管理的最直接"受益者"或"受损者"。虽然它不能像人类或社会组织一样具有能动性，但是它的直接或间接响应是我们进行适应性管理的最直接、最主要的前提。

一、政府机构

（一）中央政府

这里的中央政府泛指党中央、人大、政协、国务院及其下设的各部委等。中央政府在我国推进海洋强国战略，实现海洋生态经济系统可持续发展中处于核心地位，能够采取立法、行政管理和司法工具等对重要涉海活动及其进程与方向进行政策、资源和投入的安排，在整个海洋生态经济系统可持续发展管理的政策制定和执行过程中起到主导作用，是关键的行动者和监管者。中央政府在处理和协调地方政府间、职能部门间的隔阂与部门利益冲突过程中起着至关重要的作用。我国涉及海洋事务的管理机构繁多，海上执法力量分散，业界将这一现象称为"九龙治海"。2013年我国国务院大部制改革初步解决了这一问题，2018年的新一轮国务院机构改革更加有效地解决了这一问题。

（二）省级地方政府

省级地方政府执行中央政府的各项政策，在海洋适应性管理过程中总体上与中央政府具有一致性目标，但是由于地区之间、部门之间存在利益差异甚至冲突而存在复杂的竞争与合作关系。影响省级地方政府竞争与合作的主要客观因素来自海洋开发、利用和保护中的权利与责任在短期和长期上的时空分配问题。例如，不同类型的用海活动（围海造陆、养殖、港口航运、旅游、挖沙等）之间产生的不良影响，产生受益者与受损者错位、保护者与破坏者错位、受益者与补偿者错位等；另外还有陆源污染物跨境入海导致的海洋生态系统保护矛盾等。

（三）具有协调功能的政府行政部门

为了协调各部门、地方政府和职能部门的海洋生态系统开发与保护工作，存在以下几类具有协调功能的政府部门。第一类是国务院设立的高层次议事协调机构国家海洋委员会（2013年设立）。海洋问题综合性强，涉及政治、经济、科技、资源、环境等方面，根据我国海洋事业发展需要，需要加强对海洋开发与利用的统筹规划和综合协调，该委员会的设立有利于统筹配置和运用行政资源，提高执法效能和服务水平。第二类是上级部门组成的协调机构，如在2015年9月国家正式批复《环渤海地区合作发展纲要》之后，从国家层面建立的环渤海地区合作发展协调机制。第三类是地方政府间的协调机构，如环渤海区域合作市长联席会。第四类是某一个部门组成的协调机构，如山东省蓝色经济区建设办公室以及沿海各市设立的蓝色经济区建设办公室（如青岛市）或者区域发展战略推进办公室（如东营市）等。国家海洋委员会从国家全局的角度来管理海洋事务，负责研究制定国家海洋发展战略，统筹协调海洋发展重大事项。其具体工作由国家海洋局承担，协调执行力较强。第二类机构虽然强制约束力强，但是涉及省份之间的涉海利益关系时，政府之间的协调难度较大。第三类协调机构具有跨行政区自由联盟性质，强制约束力较弱，在海洋适应性管理上所起作用相对较弱，但是因为该类协调机构能够在社会范围内唤起公众的关注并提供专业的参考信息，所以也应该进行鼓励。第四类协调机构成立后一般会长期存在，人员、职能等比较稳定，同时具有信息优势和行政管理优势，协调和监督下级地方政府或部门的能力较强，因此在海洋适应性管理过程中占有重要地位。

（四）省级以下地方政府

这里指省级以下各级政府以及各级立法和司法机构。这些政府机构能够灵活运用行政、立法、司法和财政等各种手段进行海洋适应性管理的具体工作。作为生态红线制度、生态补偿制度和湾长制[①]等制度的具体执行者，它们开展监管工作和保护工作的有效性，关系到海洋适应性管理的成败。

---

① 为了优化海湾资源科学配置和管理、加强海湾污染防治、加强海湾生态整治修复、加强海湾执法监管，2017年9月国家海洋局印发《关于开展"湾长制"试点工作的指导意见》。"湾长制"以主体功能区规划为基础，以逐级压实地方党委政府海洋生态环境保护主体责任为核心，以构建长效管理机制为主线，以改善海洋生态环境质量、维护海洋生态安全为目标，加快建立健全陆海统筹、河海兼顾、上下联动、协同共治的治理新模式。当年，河北省秦皇岛市、山东省青岛市、江苏省连云港市、海南省海口市和浙江全省已经启动了"湾长制"试点工作。

二、生产者

这里的生产者是指直接或间接以海洋资源或空间为生产原料或生产对象，进行生产的企业和社会个体（渔民等）。他们一方面从海洋生态系统直接或间接获取自然资源，另一方面又将容易造成海洋污染的废弃物等排入海洋生态系统，影响海洋生态系统的健康运行。生产者是生态经济系统中的基本成员，是生态经济系统中具有积极能动性的基本单位，是海洋生态经济系统适应性管理的重要对象。生产者包括破坏海洋生态环境的生产者和保护海洋生态环境的生产者，前者一般是具有市场行为的主体，后者一般是接受政府委托或者向政府提供购买服务的企事业单位或社会个体。前者的生产活动时常伴随着负外部性，后者的生产活动一般具有正外部性。前者是海洋生态系统使用和损害部门，拥有更多的专业知识和海洋资源使用等方面的信息，具有比较突出的信息垄断优势。它们在参与海洋生态经济系统的适应性管理过程中，能否更多地内在化海洋生态环境保护的成本，关键是政策环境、社会环境和自然环境给予的激励所产生的反馈效应是否足够大到使生产者的社会责任得到充分体现。同样地，实施海洋生态环境保护的企业和其他主体在参与适应性管理过程中的行为，也与其对各方面激励的反馈程度有密切关系。

三、科研机构

海洋生态经济系统的适应性管理过程，离不开自然科学和社会科学的理论指导和技术支撑。相关的科研机构是提供这些理论指导和技术支撑的最基础的载体。海洋生态经济系统发展状况的监测、信息获取与处理、发展趋势预测等都离不开科研机构的积极参与。科研机构一般以以下几种方式参与海洋生态经济系统适应性管理过程：第一，以特定的海洋经济活动任务为载体，提供专业的科学技术研究，如"海上粮仓"和"海洋牧场"建设研究、胶州湾大桥建设的生态环境保护研究等；第二，以政府或企业的专家智库角色提供决策咨询服务，如山东省蓝色经济区建设咨询专家、中国海洋大学海洋发展研究院（为中央外办海权办咨询机构、山东省涉海高端智库）等；第三，独立自由的科学研究，例如，在我国高校和科研院所的科研人员群体开展的各类自选涉海科学研究。另外，我国很多涉海高校和科研院所与沿海地区、涉海部门、企业等通过合作共建研究机构、开展研究项目合作、实行人员双向交流、挂职锻炼等途径加强"政产学研用"联系，这不仅为政府进行海洋生态经济系统的科学管理提供了最直接的指导，也有助于密切海洋科学理论研究与海洋生产实践管理之间的联系，加深对海洋生态经济系统本质的理解，充分发挥科研机构在海洋生态经济系统适应性管理中的科学技术供应者、人才库等方面的重要作用。

四、其他利益相关者

在实施适应性管理的过程中，公众、媒体和非政府组织的作用也不容忽视。公众特别是海洋产品消费者由于经济遭受损失、生活质量大幅度下降或者公民意识被唤醒等，在获得有关海洋生态经济系统的可靠信息的前提下，积极参与海洋适应性管理是非常有必要的。例如，在海洋环境遭受污染，沿岸景观破坏引起旅游者的不满甚至抗议和投诉，并且公众认为保护海洋，加强海洋管理非常重要时，公众参与适应性管理的愿望将变得越来越强烈。具体来说，公众可以通过听证、居民代表等途径，直接参与到海洋适应性管理的过程中来。

现在是一个媒体时代。报刊、电视、广播、网络、手机等各种传统媒体、新媒体和自媒体在实现海洋生态经济系统适应性管理过程中发挥了强大的监督者的功能，及时将信息披露出去，为政府、生产者、科研工作者、公众等获得全面、准确的信息提供了帮助，从而有助于正确引导政府、生产者、科研工作者和公众等利益相关者对各自的经济行为进行合理调整。

非政府组织（non-governmental organizations，NGO）在实施适应性管理过程中发挥着越来越重要的作用。就海洋适应性管理来说，它们能够通过社会捐助，动员社会各方面的力量和资源参与海洋生态系统的保护，帮助政府解决资金不足等问题；能够直接或者间接参与环境保护案件的诉讼或辩护，推动全社会广泛关注海洋问题。中国的NGO可以分为两类：一类是自上而下的NGO，具有较长的历史和"半官方"的特色，如中国海洋学会、中国海洋工程咨询协会、中国海洋发展研究会等；另一类多由民间人士自发成立，如大海环保公社、蓝丝带海洋保护协会等。这些NGO多具有较强的海洋专业研究和实践能力，对海洋的开发与保护具有较强的社会监督功能。2011年渤海康菲重大溢油事故是中国迄今为止最严重的海洋生态事故和漏油事故，溢油油污沉积物污染面积达$1600\ km^2$，影响范围涉及辽宁、河北、天津、山东三省一市。在这次事故发生之后，多个NGO对此事故进行了持续监督，唤起了公众的极大关注。2015年以中国生物多样性保护与绿色发展基金会为原告、康菲石油中国有限公司和中海石油（中国）有限公司为被告的"康菲溢油案"环境公益诉讼正式立案，这是我国第一个由社会组织提起并得到受理的海洋环境类公益诉讼案件[112]。该案件标志着在我国海洋生态经济系统适应性管理中，非政府组织发挥监督作用的角色进入一个新阶段。

五、各利益相关者之间的关系

适应性管理模式的主体构成分析是系统收集、整理和分析利益相关者特征信息的过程。对政策的认知、受政策的影响程度、对政策的态度、与其他利益相关者可能的联合以及影响政策过程的能力等，将作为确定关键利益相关者的重要依据，与其他信息一起呈现给决策者，使决策者认识到关键利益对政策实施的重要性，进而对政策做出相应的调整。

不同利益相关者构成的社会网络之间存在利益相关性、竞争性及适应性。中央政府机构在适应性管理中起着顶层设计和组织引导作用，负责全国海洋行政相关事务，其关心的核心利益是从国家或区域层面实现海洋自然资源的优化配置、海洋经济合理布局、生态经济系统的可持续发展；地方政府在涉及自身经济利益关系时，多倾向于利用执行和管理的权力来获得或维护自身利益；生产者的出发点在于尽可能降低生产活动的成本，追求经济利润最大化；公众特别是海洋产品的消费者所关心的核心利益是他们对优质的海洋自然资源、生态环境和各种海洋产品的获取难易程度及成本大小；其他利益相关者以监督各方经济行为为己任，为实现人海和谐扮演好监督者的角色。也就是说，各利益相关者之间的这种关系就形成了一种相互配合、协同发展的协商结构，即政府承担平台和渠道的提供与构建责任，地方政府进行基于决策的协商，其他主体进行基于沟通的协商[113]。

不同利益相关者在这种协商结构中，通过各种合作与制约机制，使不同主体之间、同一主体的不同个体之间产生了错综复杂的相互作用，再加上各主体具有主动性、适应性和智能性，这就需要各利益相关者在适应性管理过程中，积极反馈和主动协同，使海洋生态经济系统的管理由无序走向有序，不断优化和创新，建立完善的海洋生态经济系统适应性管理模式。

第三节 适应性管理中不确定性因素分析

一、自然状态的不确定性

海洋生态系统是一个开放系统，经常处于非平衡状态，生态系统各要素间存在着复杂的非线性相互作用机制，因而各要素间不是简单的因果关系或者线性依赖关系。海洋生态系统自身发展变化存在着极大的不确定性。海洋生态系统的不确定性首先来自系统内部和外部的自然状态的不确定。从资源系统外部来看，包括非生物因素和生物因素。非生物因素如温度、降雨量、季节更替、洋流变动、厄尔尼诺现象等，生物因素如种间关系、带菌体的存在与否（如赤潮）等，都可能引起生态系统的存量和流量的不确定性。其中有些因素变动的概率可能是确知的，如季节更替、潮汐变动等，但它们给生态系统带来的影响很难被准确测算或计量；赤潮、浒苔、洋流变动、厄尔尼诺现象等因素出现的概率是不能确知的，它们对海洋生态系统的存量、流量、可持续性等的影响更难以计量。

从海洋生态系统内部看，受鱼群等生物的生物学特性、生态适应性和遗传性状的影响，生物资源的存量、结构、分布都不是确定的。一些鱼群大范围、长距离迁移的概率也许可以估计，如有的鱼群有相对固定的产卵地和繁殖地，产卵后迁移到远距离海域，到下一个产卵季节又洄游到原产卵地产卵，产卵后又迁移，如此循环，但多数鱼群可能并没有长途迁移的习性，而是在一定区域"无规则"地游动，人们很难搞清楚这些鱼群今天在哪里、明天又在哪里[114]。

自然状态所具有的不确定性，使得海洋生态系统的产出具有强烈的不确定性，从而使鱼等生物资源的生产可能性边界和资源单位的供给（可捕捞量）水平具有不确定性，进而引起人们行为的不确定性。

此外，人们对复杂海洋生态系统的了解不完全，特别是对海洋生态系统的结构和功能变化过程的认识不足，以及一些不合理的海洋资源利用行为都会导致海洋生态系统对于人们管理措施的响应具有不确定性。

二、经济行为的不确定性

经济行为的不确定性是指人的生产或生活活动本身及其行为结果的不确定性，主要来源于三个方面。

第一，行为的异质性。同一类型的企业、渔民等个体间拥有的设备状况、技术水平、管理能力、知识水平等存在巨大差异，因此行为人存在异质性。这些异质性现象导致行为人在海洋生态经济系统中的活动存在不确定性。例如，在一个海洋渔场中，每个渔民所使用的渔船的大小、动力大小、设备数量和装备技术水平不完全相同，所拥有的渔业资源系统的有关知识和信息情况不同，捕鱼知识和技能不同，抵御自然风险的能力也不尽相同。渔民的异质性，使得每个渔民对环境的判断不同、行为努力也不同；一个渔民即使在确知参与人总数的情况下，也不能确知其他渔民实际的捕鱼努力及其结果的情况，也就是说，对于一个渔民来说，其他渔民的行为存在不确定性。

第二，利益相关者的不完全信息和信息不对称。海洋生态系统存在着自然状态的不确定性，人的认知能力、计量能力也是有限的。海洋生态系统的复杂性和自然不确定性与人的有限理性叠加在一起，使每个利益相关者都不可能获得有关海洋生态经济系统的完全信息；由于缺乏沟通或不可能存在有效沟通，因而不可能拥有其他利益相关者投入与产出的完全信息；受计量能力的限制，很难获得自己和其他利益相关者的活动给海洋生态系统造成的影响的准确信息；而且每人拥有的这些信息是有差别的，即存在信息不对称。利益相关者的不完全信息及信息不对称，会导致他们对海洋生态系统做出不同的反应，采取不同的行动，因而使其经济行为存在不确定性。

第三，源于人的机会主义行为动机。由于信息不对称，一些利益相关者可能会利用自己的信息优势，进行逆向选择；还有一些利益相关者可能会策略性地通过隐瞒、混淆、歪曲、误导等精心算计的方式扭曲信息，影响其他人的行为和利益，从而产生道德风险。机会主义行为动机不仅使机会主义者的行为具有不确定性，也会导致其他利益相关者的行为的不确定性。例如，渔民捕捞过程中，参与人及其行为的不确定性使渔业资源的未来使用状况出现许多不确知的情况：将有多少人、多少船次进行捕捞，拥挤程度如何，每个人的捕鱼努力多大，大家是否将捕捞量控制在限额以内，是否可能过度捕捞，每个人的捕鱼将会对其他人产生多大影响、对资源系统产生什么样的影响等，都是不确定的。这些不确定性可能诱发更多的不确定性行为，如有意搭便车的机会主义行为等。

三、管理行为的不确定性

海洋生态系统发展的不确定性、社会经济发展的不确定性及管理机构与部门间的协调能力不足的不确定性，引起海洋生态经济系统发展预测和治理方案的不确定性、资金筹措中的不确定性、方案设计的不确定性、管理目标的不确定性、管理实施中的风险以及国家宏观海洋管理战略变化所带来的不确定性等。

新的海洋管理活动必须综合考虑海洋环境治理与保护问题、海洋的可持续利用问题、海洋利益相关者之间的利益分配问题以及管理决策中的公众、媒体和NGO等的参与问题。考虑这些问题的侧重点和全面程度不同，将随之从投资倾向、投资重点区域和领域、污染防治目标及防治技术等方面对政府的海洋管理决策产生不确定性影响。因此，新的海洋管理活动不可避免地增加了管理过程中的不确定性，进而增加了管理决策的风险。

四、供给行为的不确定性

供给是指海洋生态经济系统所能提供的生态系统服务的供给量。它不仅取决于生态系统资源的存量水平,而且受到人们经济活动的利用程度及保护程度的影响。例如,海洋生态系统所提供的一种鱼类的存量水平,是由该种类的鱼所具有的生物学方面的增殖力和人们的捕捞水平共同决定的。当期鱼的存量水平直接影响到下一期鱼的可能捕捞量的多少;这随之又直接影响到更远一期鱼的存量水平,就这样循环往复。也就是说,海洋生态系统提供的这种服务(鱼类资源)的存量,在很大程度上影响了捕捞水平的高低,捕捞水平的高低又影响着未来渔业资源服务(供给量)水平的高低。

海洋生态系统中资源的存量、利用量、更新(增殖、再生)量的多重作用,使海洋生态系统的资源供给量具有很强的不确定性,进而自然资源的服务流供给量也具有不确定性。

对海洋自然资源的使用量是外生于海洋生态系统的变量,它由人们的资源利用行为决定。对一种资源,特别是具有公共资源属性的海洋自然资源的使用,一方使用者不仅会影响到其他使用者的利益,反过来他们也会受到其他使用者的影响,这种行为往往导致海洋自然资源的过度使用,最终使海洋自然资源的持续供给具有不确定性。例如,一个渔民的捕捞量既是自己捕鱼努力的函数也是其他渔民捕鱼努力的函数,从而使之也具有不确定性。当总捕捞量超过鱼群总增殖量时,将可能破坏鱼群的均衡状态并使之向资源耗竭方向发展,资源存量及其资源供给都将难以保证[108]。

第四节 适应性管理模式的管理要素组成

一、适应性管理的目标

设置清晰的管理目标是实现海洋生态经济系统适应性管理的前提。党的十九大报告中提出,中国特色社会主义进入新时代,我国社会主要矛盾已经转化为人民日益增长的美好生活需要和不平衡不充分的发展之间的矛盾①。人们与海洋之间的主要矛盾可以说是人民日益增长的美好生活需要与海洋生态经济系统有限供给不平衡不充分之间的矛盾。从本书的研究主题看，海洋生态经济系统适应性管理的目标就要从解决这个主要矛盾出发来设置。美好生活不仅需要海洋生态系统能够提供更好更多的物资资源，还要求海洋生态经济系统能够提供更高质量的生态环境，以满足人民日益增长的全方位的对海洋生态系统服务的需要。

目前，我们在海洋生态文明建设过程中，通过科学管理人们的经济行为，努力使海洋生态经济系统的产出持续满足人们日益增长的经济需要、社会需要和生态需要。这是我们设立海洋生态经济系统适应性管理目标体系的出发点和基本要求。通过实施适应性管理，从供给侧一端增加海洋生态经济系统的有效供给，从需求端调整人们对海洋生态经济系统产品的需求数量、需求结构以及需求分配等关系。这个总目标具体可以分解为以下几个方面的子目标。

第一，协调解决好经济发展与海洋保护之间的矛盾。在长期的国民经济和社会发展过程中，我国对海洋的开发利用产生了很多问题，经济发展与海洋保护之间的矛盾日益突出。虽然管理者施行了很多政策，采取了很多措施规范海洋资源的开发利用行为，但是效果却是事倍功半。适应性管理的一个重要目的就是要建立更符合实际，不断改进而非刚性的不能灵活进行调整的管理模式，从供给和需求两侧进行管理：一方面，通过对海洋生态系统的保护增强其再生产能力，使之提供更好更多的海洋产品和服务，在更大程度上满足经济社会发展的需要；另一方面，约束人们对海洋的经济需要和生态需要，引导其正确发展。

第二，融合市场和社会力量参与海洋生态保护。虽然依靠中央政府和地方政府颁布的法律法规与政策，政府管理者和执法者对海洋生活环境保护起到了重要的作用，但海洋资源的公共资源特性及其外部性现象导致各利益相关者有不同诉求，因此，政策的实施会产生不同的效果，并且这些效果也存在群体性差异。另外，海洋生态保护的经济效益也需要市场经济力量参与其中。因此，适应性管理的一个重要目的就是将政府宏观调控、市场机制和社会力量三方融合在一起，灵活处理好海洋资源利用与生态环境保护问题。

第三，切实解决好与海洋有关的民生问题。适应性管理通过协调人与自然、人与人之间的关系，实现人海和谐。适应性管理一方面通过多方参与，增强人们的环境保护意识，扭转人们的不良经济行为，建立海洋生态文明制度，另一方面，也照顾到人们的用海需要，至少不降低现有的合理的海洋消费行为。也就是说，适应性

---

① 决胜全面建成小康社会 夺取新时代中国特色社会主义伟大胜利——在中国共产党第十九次全国代表大会上的报告，http://www.gov.cn/zhuanti/2017-10/27/content_5234876.htm。

管理在处理改善民生与保护海洋生态环境两者之间的关系上具有突出的优势。

第四，协调好陆海统筹问题。陆海相互影响，陆域不仅将径流输入海洋，而且将陆源污染物等输入海洋；海洋不仅给陆域经济提供丰富资源，而且通过各种形式的海洋灾害给陆域经济和社会活动造成破坏。适应性管理需要我们从复杂大系统的角度出发，将两者放在一起进行考虑，增进两者的协调程度。

在设立海洋生态经济系统适应性管理目标的过程中，要注意以下几点：第一，适应性管理实质上是合理利用与保护海洋生态经济系统的共同责任在各利益相关者之间的分担问题。各利益相关者在海洋适应性管理中的共同责任就是不断提高海洋生态经济系统的再生产能力，增进人海和谐。各利益相关者要从自己所处的地位与角色出发，围绕这些目标分别承担好各自应该承担的责任。例如，政府部门从立法执法的角度做好宏观调控和顶层设计，为适应性管理做好制度保障；企业、渔民等生产者依据管理部门的规定与要求，合理利用海洋资源，积极进行保护性开发；公众、媒体和NGO扮演好社会监督角色。第二，注重各利益相关者之间的责任融合问题。各利益相关者之间的责任分配并不意味着割裂其间的内在联系。相反，要更注重将各方的责任从整体的角度出发进行有机融合，体现出责任分配的合理性、有效性，促进适应性管理任务的顺利完成，实现各方目标。这种责任融合，不仅是政府、企业、民众、科研机构、其他利益相关者之间的责任融合，而且是各利益相关者群体内部分工责任的融合。例如，中央政府负责顶层设计，各级地方政府和部门应该积极配合，执行好中央政府的决策，使中央政府政策的宏观调控效用得到充分发挥。第三，各利益相关者及时公开责任承担信息问题。信息流的正常运行是实现适应性管理的重要保障。及时、全面、客观公开各利益相关者承担的责任及责任的执行情况，既是对实现管理目标行动过程的管理需要，也是为后续监测和评估提供信息基础，更体现了一种主动接受监督、主动担当的自我约束能力。第四，各利益相关者共同参与设定目标和治理责任分配问题。在实现适应性管理目标的过程中，既然涉及多方利益相关者，那么具体的目标设定与治理责任分配也应该由各利益相关者共同参与，协商确定。在海洋生态经济系统的适应性管理过程中各利益相关者由被动参与向主动参与的转变，对于目标的顺利实现，以及治理责任分配的合理化具有重要作用，充分体现了适应性管理是一个集体行动参与的综合治理过程。

二、动态监测

在确定了适应性管理的目标之后，就要根据既定方案行动。行动的过程及其效果需要我们进行全程监测并进行绩效评价。海洋生态经济系统的监测是海洋生态经济系统适应性管理中的一项重要的基础性工作，是获得准确的海洋生态经济系统发展动态资料，进行海洋生态经济系统适应性管理和科学保护的前提。通过海洋生态经济系统监测，可以及时、准确、全面地反映海洋生态环境质量现状及其发展趋势，为海洋生态文明建设、海洋生态修复、涉及海洋的区域发展规划以及生态预警等提供科学依据。

适应性管理监测的内容不仅是对海洋生态经济系统现状的监测，还包括对现状产生的压力状况及采取措施的监测等。也就是说，监测内容可以根据 OECD 设计的"压力—状态—响应"（PSR）评价指标体系进行监测。这也为后续的适应性管理绩效评价提供了一个较好的数据基础。PSR 模型最初是由加拿大统计学家 David J. Rapport 和 Tony Friend 提出，后由 OECD 和联合国环境规划署（United Nations Environment Programme，UNEP）于 20 世纪八九十年代共同修改完善，发展成为用于研究环境问题的框架体系[115]。该模型以因果关系为基础，用以分析生态经济系统内在的因果关系，寻求可持续发展中人类活动与生态环境影响之间的因果链。基于 PSR 模型框架进行监测的切入点是海洋生态经济系统的结构和功能状况，不断获取、汇总、处理多种数据，并据此向前追踪影响海洋生态经济系统结构和功能变化的压力，向后分析经济社会做出的反应。

基于 PSR 模型的"原因—效应—对策"这一思维逻辑进行监测，充分体现了气候变化、人类活动与生态环境之间相互作用关系，解释"发生了什么？为什么发生？我们将如何做？"三个可持续发展的基本问题[116]。具体来说，适应性管理的监测内容包括三个方面：①压力指标，监测表征气候变化和人类活动等引起生态系统状态改变的外源性因素给生态环境带来的干扰，如资源索取、物质消费及各种产业运作过程中产生的物质排放等；②状态指标，监测表征系统目前的状态和由压力干扰引起的状态变化的内源性因素，包括生态系统与自然环境现状、经济结构等；③响应指标，监测表征人类在系统状态改变后为可持续发展建设采取的调控措施[117]，包括制度投入、资金投入和技术投入等方面的信息。

这个监测过程所获得的数据实质上反映了在实现海洋生态经济系统可持续发展的适应性管理中的政府责任、企业责任及公众责任的实际履行情况。这些方面的数据来源比较广泛，主要来源于政府、行业、企业和社会（科研机构、公众、媒体和 NGO 等）。

三、管理绩效评价

由于在自然环境与人类活动两个方面存在大量不确定性因素，人类开发利用海洋活动在获取预期的正效应的同时，不可避免地伴随着出现负效应。因此，为实现海洋生态经济系统适应性管理的良性循环，必须利用动态监测获得的相关数据信息，有针对性地建立评估模型，对适应性管理开展动态评估，根据评估结果及时调整以调控各类投入为主要内容的管理方案，以适应不断变化的环境条件，从而实现最佳管理效果。

根据上述基于 PSR 理念的监测信息和数据，我们可以从压力、状态和响应三个方面设计适应性管理绩效的评估指标体系。压力层评估指标主要包括自然压力、经济压力和资源环境压力，这三个方面的压力指标反映了海洋生态经济系统受到的各种限制因素，包括气候变化、排污等带来的压力，经济建设与发展的压力及人类活动造成的压力；状态层评估指标主要包括社会经济发展程度和生态环境质量，这两个方面的信息反映了海洋生态经济系统的发展现状及产生的变化，包括社会经济发展程度及栖息地、景观、生物多样性、水文、水质等的状态；响应层评估指标主要包括制度投入、资金投入和科技投入的环境响应、经济响应和人文响应程度，以反映管理部门、公众等利益相关者对系统状态改变所做的调控措施产生的环境治理和管理水平的高低程度。

借助 PSR 模型的研究思路，建立海洋生态经济系统适应性管理评估指标体系，可以全面、科学地评价海洋生态经济系统适应性管理的决策效果和效率，并且可以在很大程度上反映每类主体对适应性管理的责任履行状况，明确各自的未来改进方向。

四、反馈与方案改进

针对海洋生态经济系统适应性管理评估的结果，各利益相关者会做出不同程度的反应。政府部门将采用行政手段和市场手段相结合的方式，调整适应性管理方案，加大海洋资源保护的投资力度，更好地规范用海者的行为，将外部不经济行为内在化。生产者也会根据政府的宏观管理制度和微观管理政策调整自己的用海行为，更好地履行自己的海洋生态环境保护社会责任。海洋产品消费者和旅游者等能够基于从各渠道获得的信息，调整自己的消费选择行为，进而影响生产者的用海行为。科研机构、公众、NGO 等进一步加强对政府、生产者和消费者在海洋生态经济系统保护中的实际行为的评价和监督。这个反馈过程实质上导致新一轮的"压力—状态—响应"适应性管理过程的开始，也反映了适应性管理过程的动态调整机制。

五、约束与激励

为了改变利益相关者被动而消极地参与海洋生态经济系统的管理过程，对利益相关者的有效约束与科学激励是保证适应性管理过程顺利开展及目标最终实现的重要组成要素。这些约束与激励机制的制定要考虑以下几个方面。第一，兼顾各利益相关者的共同利益与差异性的约束与激励。各利益相关者在海洋生态经济系统中既具有促进系统持续提供各类服务的相同的价值偏好，也具有追求利益最大化的不同的价值偏好，因此，在制定约束和激励机制的过程中，包容性就成为一个重要的原则，这是各方利益相关者博弈的一个结果。这个结果能够充分调动他们参与海洋生态经济系统适应性管理的积极性。第二，以海洋生态红线为基线的约束与激励。海洋生态红线制度是指为维护海洋生态健康与生态安全，将重要海洋生态功能区、生态敏感区和生态脆弱区划定为重点管控区域并实施严格分类管控的制度安排[118]。在海洋生态经济系统适应性管理过程中，海洋生态红线相对于各利益相关者来讲更多的是约束作用。这种约束机制有利于各利益相关者正向参与红线区开发活动的分区、分类管理，有效推进红线区生态保护与整治修复，严格监管红线区污染排放，以及大力推进红线区监视、监测和监督执法能力建设。第三，以技术创新与管理创新为导向的约束与激励。在适应性管理过程中，技术的创新和管理创新将会带来成本的降低，效率的提高，这在很大程度上能够激励利益相关者增进相互之间的包容与合作，履行海洋生态经济系统保护的社会责任，促进适应性管理目标的实现。第四，以促进社会发展为目标的约束与激励。在海洋生态经济系统适应性管理过程中，社会发展是不可回避的基本目标之一。社会发展不仅考虑近期不同利益相关者之间的利益平衡问题，也考虑代与代之间的利益分配问题。社会发展的成果惠及各利益相关者时，将会调动他们对海洋生态系统合理利用与良好保护的能动性，让更多的利益相关者参与到海洋生态经济系统适应性管理中来。

第五节　海洋生态经济系统适应性管理模式基本框架

海洋生态经济系统适应性管理模式基本框架如图7-1所示。适应性管理的各利益相关主体始终围绕着海洋生态经济大系统，持续提高对海洋生态经济系统发展进程中不确定性的认识水平，并且这种认识水平的不断提高也在不断调整和深化各主体之间的相互关系。两者之间的良性互动有助于完善各适应性管理要素的内涵；反过来，海洋适应性管理各要素环环相扣，形成一个内部相互影响、及时调整的良性循环递进系统。适应性管理内在的主动跟踪和利益相关主体关系的调整，以及对不确定性认识水平的提高,不断完善和创新着海洋生态经济系统适应性管理模式。

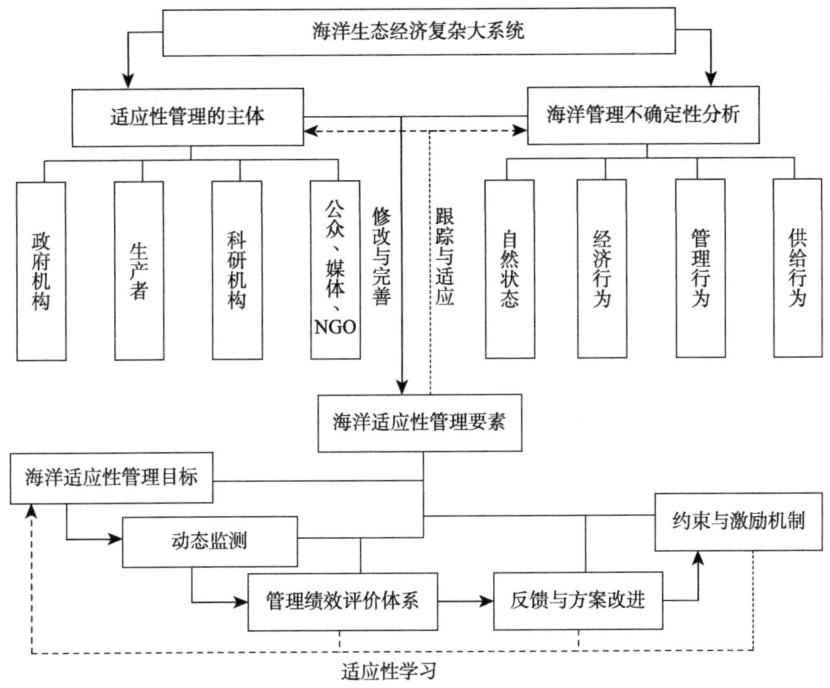

图 7-1 海洋生态经济系统适应性管理模式基本框架

第八章　山东省海洋生态经济系统适应性管理水平测度

第一节　理论描述

根据前述适应性管理模式的组成要素，海洋生态经济系统的适应性管理绩效评价指标体系可以借鉴压力—状态—响应思想进行设计。压力指标，反映了气候变化等自然因素和社会经济活动等人文因素引起海洋生态系统状态改变的外源性因素给生态环境带来的干扰，如资源索取、物质消费及各种产业运作过程中产生的物质排放等；状态指标，表征了海洋生态经济系统目前的状态和由压力干扰引起的状态变化的内源性因素，包括海洋生态经济系统与自然环境现状、经济发展状况等；响应指标，表征人类在海洋生态经济系统状态改变后为可持续发展建设采取的调控措施，包括制度投入、资金投入和教育技术投入等方面的信息。依据压力—状态—响应思想设计的适应性管理绩效评价指标体系实质上反映了在实现海洋生态经济系统可持续发展的适应性管理中的政府责任、企业责任及公众责任的实际履行情况。也就是说，适应性管理绩效评价不仅反映了人类本身对自己的行为做出的改变，而且包括了引起这些行为改变的外因和内因。恰恰是人类自身对这些外因和内因的被动或主动的响应，体现了适应性管理的本质：适应性管理是一个持续改进管理政策与实践的反复循环过程，通过不断调整管理模式，优化配置方案来提高海洋生态经济系统的适应能力，使海洋资源的开发利用不断适应社会、经济、生态环境等各方面协调、可持续发展需要，实现海洋生态经济系统健康发展及资源管理的可持续性。关于海洋生态经济系统压力—状态—响应适应性管理绩效评价的框架可以用图 8-1 表示。

图 8-1 表明，海洋生态经济系统的适应性管理绩效评价体系中，自然因素和人为因素导致海洋生态经济系统不断向社会经济系统输出各类海洋自然资源，同

时不断接纳社会经济系统排放的各种污染物,并且还受到气候变化等的干扰;海洋生态经济系统在这些外在因素的影响下,生态系统的结构、功能以及经济系统的结构和功能等表现出相应的状态;这种海洋生态经济系统面临的压力以及呈现状态方面的信息传递到政府机构、企业、科研机构、公众、媒体和非政府组织等利益相关者,并引起他们在资金、技术、教育、制度、舆论等方面的投入及其变化。这就表明了海洋生态经济系统通过人类活动驱动,不断对海洋生态经济系统产生压力或者缓解对海洋生态系统造成的压力,从而促进海洋生态经济系统状态的改变。当人类的响应足以减轻经济行为和气候变化等自然因素产生的不良影响,并促进现有状态不断向好发展,海洋生态经济系统就会朝生态良好、生产发展、生活幸福的生态文明方向发展。通过适应性管理绩效评价,有助于我们客观了解这种发展趋势,及时合理地调整适应性管理策略。

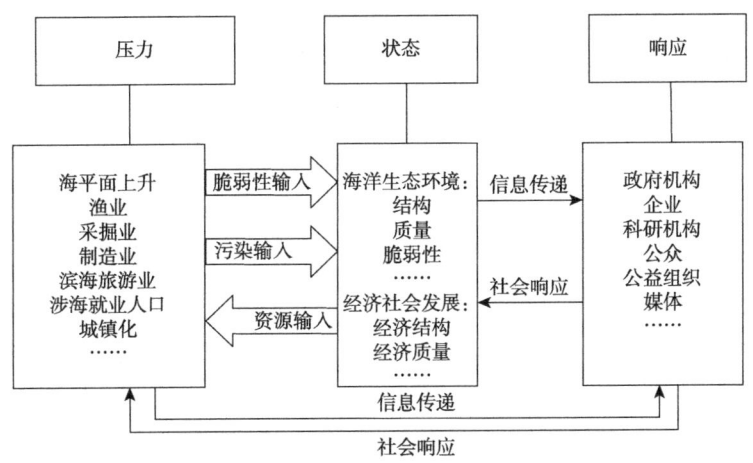

图 8-1　海洋生态经济系统压力—状态—响应适应性管理绩效评价框架

第二节　指标选择与模型构建

根据上节阐述的海洋生态经济系统适应性管理评价建模思想,我们将指标体系设立为目标层、准则层、因素层和指标层四级。压力分解为生态环境压力、资源压力和人文压力三个因素层;状态分解为海洋经济发展状态和海洋生态环境状态两个因素层;响应分解为环境治理与保护、教育科技和管理水平三个因素层;在第四级指标层中遵循科学性、可操作性和反映主要矛盾的原则,先初步选择了 51 个指标,在征求相关领域专家意见及反复权衡的基础上,最后确定 33 个指标(表 8-1)。

表8-1 海洋生态经济系统适应性管理评价指标体系

目标层	准则层	因素层	指标层	归一化权重	指标类型
海洋生态经济系统适应性管理水平	压力（0.2414）	生态环境压力（0.0607）	海平面上升/mm	0.0340	−
			污水直接排放入海量/（×10⁴t）	0.0307	−
			固体废弃物入海量/（×10⁴t）	0.0304	−
			海水养殖面积/hm²	0.0342	−
		资源压力（0.1770）	人均海岸线长度/（m/10⁴人）	0.0311	+
			海洋渔业产量/t	0.0312	+
			海洋能源开采量/（×10⁴t 标准煤）	0.0313	−
			矿业开采量/t	0.0341	−
		人文压力（0.0484）	沿海地区人口密度/（人/km²）	0.0312	−
			涉海就业人口/（×10⁴人）	0.0287	−
			城镇化率/%	0.0270	−
	状态（0.2774）	海洋经济发展状态（0.1953）	海洋生产总值/（×10⁸元）	0.0295	+
			人均海洋生产总值/（×10⁴元/人）	0.0295	+
			第一产业占比/%	0.0265	−
			结构高度化指数	0.0312	+
			海洋经济贡献率/%	0.0284	+
			海洋自然灾害经济损失/（×10⁸元）	0.0306	−
		海洋生态环境状态（0.0561）	海水达到二类水质以上面积占比/%	0.0307	+
			生物多样性指数/种	0.0310	+
			赤潮、绿潮面积/km²	0.0313	−
	响应（0.4812）	环境治理与保护（0.1753）	沿海城市污水综合利用率/%	0.0289	+
			环境治理投资占比/%	0.0316	+
			固体废弃物处置率/%	0.0298	+
			海洋自然保护区建成面积/hm²	0.0283	+
			投放鱼苗数量/（×10⁴元）	0.0305	+
		教育科技（0.1569）	海洋科研机构从业人员/人	0.0310	+
			海洋科研经费投入/（×10⁴元）	0.0315	+
			海洋科技创新能力/件	0.0286	+
			沿海地区教育经费投入总额/（×10⁴元）	0.0314	+
		管理水平（0.1303）	海域使用管理水平/（×10⁴元）	0.0297	+
			沿海海滨观测台站数量/个	0.0327	+
			海洋执法管理人员/人	0.0261	+
			环境信访办结率/%	0.0275	+

注："+"和"−"分别表示正指标和逆指标

一、指标解释

在生态环境压力指标中，海平面上升反映了由全球气候变暖、极地冰川融化、上层海水变热膨胀等因素的综合压力。海平面上升对沿海地区社会经济、自然环境及生态系统等有着重大影响。污水直接排放入海量、固体废弃物入海量反映了在生产生活中废弃物对海洋生态环境正常运行所产生的压力。海水养殖面积反映了海洋渔业生产过程施肥、使用鱼药及残饵等对海水质量良好状态产生的压力。

在四个资源压力指标中，人均海岸线长度越长，反映了在海洋资源开发中产生的压力越小，反之，海洋资源开发面临的压力就越大。海洋渔业产量、海洋能源开采量和矿业开采量越大，对海洋自然资源供给的压力越大。

在三个人文压力指标中，沿海地区人口密度越大，涉海就业人口越多，社会经济活动对海洋生态经济系统的压力也就越大。城镇化率反映了人们集约、节约利用海洋资源的状况。城镇化通过宏观层面的经济社会制度的安排和微观层面的要素使用来提高资源配置效率[119,120]，城镇化率与资源使用效率存在同向变化关系，这说明较高的城镇化率有助于缓解海洋资源的粗放使用，在一定程度上能够减轻经济活动对海洋生态经济系统产生的压力。

在六个海洋经济发展指标中，海洋生产总值和人均海洋生产总值分别从绝对数量和相对数量反映了利用海洋生态系统取得的经济成果，数值越大，表明海洋生态经济系统的经济维度发展越好，这也为适应性管理水平的提高奠定了较好的经济物质基础。第一产业占比反映了以直接利用海洋渔业资源所产生的经济发展状态，第一产业占比越高，反映了海洋渔业资源面临压力越大，越不利于海洋经济状态的结构优化。结构高度化指数反映了海洋产业结构的优化水平，海洋产业结构越高级，海洋经济发展的质量就越高。这里用第三产业增加值与第二产业增加值之比来表示海洋产业结构高度化指数。海洋经济贡献率是指海洋生产总值占当地生产总值的比例，反映海洋经济活动在当地经济发展中的重要程度。海洋自然灾害经济损失统计了风暴潮、台风等自然灾害对当地经济系统产生的破坏性影响状态，社会经济发展遭受的损失越大，当地在应对海洋灾害方面的能力越需要加强。

在海洋生态环境指标中，我们选择了海水达到二类水质以上面积占比、生物多样性指数和赤潮、绿潮面积等三个具有代表性的指标。第一和第二个指标越大，反映了海洋生态系统受到的压力越小，海洋生态系统越能够保持良性运行的状态，而第三个指标则是一个逆指标，反映了海水富营养化等压力产生的后果。

环境治理与保护指标中，沿海城市污水综合利用率、环境治理投资占比、固体废弃物处置率、海洋自然保护区建成面积和投放鱼苗数量五个指标反映了在缓解海洋生态环境污染压力，维护海洋生态系统良好运行状态，从直接的生态环境治理和保护方面所做出的努力程度。

教育科技指标中，海洋科研机构从业人员、海洋科研经费投入、海洋科技创新能力和沿海地区教育经费投入总额四个指标反映了为应对海洋生态经济系统面临的压力和严峻的生态环境发展态势，改善海洋经济发展质量，当地对海洋生态经济系统进行的具有长期基础性作用的人财物投入程度。其中海洋科技创新能力指标用发明专利数表示。

在四个管理水平指标中，海域使用管理水平具体用海域使用金缴纳来表示，反映了资源使用价值的体现程度；沿海海滨观测台站数量反映了人类对海洋生态环境状况的监测、预报与预测能力，为人们应对各种不利影响提供科学信息；海洋执法管理人员数量反映了政府在执行有利于海洋生态经济系统可持续发展的政策和规范等方面的监管力量；环境信访办结率反映了公众参与适应性管理受到政府管理者的积极回应的程度。这四个指标反映了海洋生态经济系统适应性管理的主动性和管理效率，它们的数值越大，在很大程度上反映了政府与公众主动参与海洋适应性管理的能力越强。

二、数据收集与权重确定方法

在计算山东省海洋生态经济系统适应性管理水平的过程中，各指标的原始数据主要来源于历年的《中国海洋统计年鉴》《中国渔业统计年鉴》《中国环境质量状况公报》《中国海平面公报》《中国海洋灾害公报》《中国环境年鉴》《中国环境统计年鉴》《海域使用管理公报》《山东省海洋环境状况公报》《山东统计年鉴》《山东省渔业统计年鉴》等国家和山东省公布的相关资料及在山东省海洋主管部门与自然资源部第一海洋研究所（原国家海洋局第一海洋研究所）调研获得的资料。鉴于2006年我国开始实行新的海洋生产总值核算等制度，以及2015年以后积极推进海洋领域供给侧结构性改革，为了保持数据的一致性和可比性，计算时段为2006~2015年。

在进行计算之前，需要将不同量纲的指标数据进行标准化。在对原始数据进行无量纲化处理时，为了防止无量纲化后出现零值影响后续计算，对无量纲化后的坐标进行以下变换：

$$\text{对于逆指标：} \quad x'_{ij} = 0.99 \times \frac{\max_i\{x_{ij}\} - x_{ij}}{\max_i\{x_{ij}\} - \min_i\{x_{ij}\}} + 0.01 \quad (8\text{-}1)$$

对于正指标：$x'_{ij} = 0.99 \times \dfrac{x_{ij} - \min_{i}\{x_{ij}\}}{\max_{i}\{x_{ij}\} - \min_{i}\{x_{ij}\}} + 0.01$ （8-2）

在计算适应性管理水平指数的过程中，需要确定各准则层、各因素层和各指标的权重大小，以判断不同维度和指标的相对重要程度。对指标进行标准化的方法分为主观方法和客观方法两大类。主观方法主要包括层次分析法、德尔菲法等，主观方法虽然较为成熟，但是客观性较差；客观赋权法主要包括熵权法、均方差决策法等，这类方法主要依据各指标的实际数据形成权重，而不依赖于人的主观判断，因此此类方法具有较强的客观性[121]。本书根据均方差决策法来确定各指标权重[122]。该方法以各单项评价指标为随机变量，无量纲化的属性值即为该随机变量的取值。若无量纲标准化后的决策矩阵为 $Y=(y_{ij})_{n \times m}$，显然，y_{ij} 越大越好。首先，求出这些随机变量的均方差，然后将这些均方差归一化，其结果即为各单项指标的权重。计算步骤为

求随机变量的均值：$E(I_j) = \dfrac{1}{n}\sum\limits_{i=1}^{n} y_{ij}$ （8-3）

求 I_j 的均方差：$\sigma(I_j) = [\dfrac{1}{n}\sum\limits_{i=1}^{n}(y_{ij} - E(I_j))^2]^{0.5}$ （8-4）

指标 I_j 的权重：$w_j = \sigma(I_j) \Big/ \sum\limits_{j=1}^{m}\sigma(I_j)$ （8-5）

然后因素层各指标和准则层各指标权重也依照这种思路计算，这里不再赘述。

三、适应性管理评价模型构建

运用均方差决策方法确定各指标权重（表8-1），这既能反映海洋生态经济系统特定时期内的适应性管理水平状况与变化趋势，又能够初步判断系统内的压力、状态、响应三个层面在适应性管理方面的协调发展程度。为了研究待评价系统的适应性管理水平的发展状况，我们构建适应性管理水平指数。

在计算准则层适应性管理水平指数时，我们运用递阶多层次综合评价法进行求解。

$$R_r = \Pi\left[\sum(y_{ij}w_j)\right]^{w_k}$$ （8-6）

其中，R_r 为准则层指标适应性管理水平指数；y_{ij} 为各元素指标标准化数值；w_j 为单项指标权重；w_k 为因素层指标权重。

准则层三个指标从不同侧面反映了海洋生态经济系统的适应性管理水平。在计算海洋生态经济系统适应性管理综合指数时，采用多目标加权函数法对整个系

统的适应性管理综合水平进行计算。

$$M_a = \sum_{i=1}^{3}(R_r w_i) \tag{8-7}$$

其中，M_a为海洋生态经济系统适应性管理综合指数；w_i为准则层指标权重，其他指标含义同式（8-6）。

四、障碍因素诊断模型

对海洋生态经济系统的适应性管理水平进行评价，目的不只是了解海洋生态经济系统管理水平的变化趋势，更重要的是找出影响提高海洋适应性管理水平的障碍因素，以便有针对性地制定提高海洋适应性管理能力的政策措施。我们可以借助障碍度模型来测度影响海洋适应性管理水平的障碍因素，具体公式为[123]

$$O_i = w_i d_i \bigg/ \sum_{i=1}^{n} w_i d_i, \quad d_i = 1 - x_i \tag{8-8}$$

其中，O_i为第i项指标对适应性管理水平的影响程度；w_i为第i项指标的权重；d_i为海洋生态经济系统适应性管理单因素指标实际水平与目标水平之间的差距，即x_i与100%之差；x_i为第i项指标标准化后的值。O_i越大，表示第i项指标制约适应性管理水平提高的程度越大。障碍度指标能够很好地反映出制约沿海地区海洋生态经济系统适应性管理水平提高的障碍因素，从而为调整管理策略，提高适应性管理水平提供更准确的信息。

第三节 适应性管理水平计算结果分析

按照上述方法计算出2006~2015年山东省海洋生态经济系统适应性管理度（图8-2）。由图8-2可知，2006~2015年山东省海洋生态经济系统适应性管理水平明显提高，综合适应性管理度由2006年的0.2538增加到2015年的0.4231，增长了66.71%。这说明在2006~2015年，山东省海洋生态经济系统的管理水平整体上在不断提高，反映了以政府为主导的各利益相关者积极参与海洋生态经济系统的管理，并根据实际情况不断调整管理策略，增加管理投入，适应性管理的有效性比较明显。另外，我们可以发现，2011年开始进行的山东半岛蓝色经济区建设对提高山东省海洋生态经济系统适应性管理水平的促进作用比较明显。

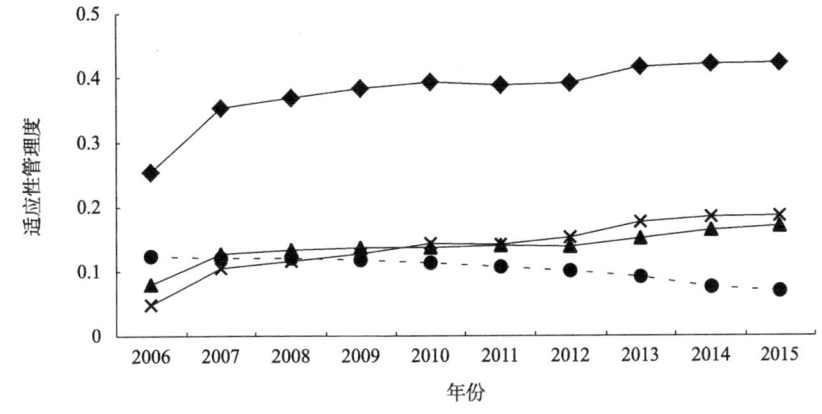

图 8-2　山东省海洋生态经济系统适应性管理绩效评价

压力、状态和响应三个分项的适应性管理度及其变化趋势差异明显。压力层的适应性管理度在 2006~2015 年呈现持续下降的发展趋势（图 8-2）。这种下降趋势主要是海洋资源压力和人文压力综合作用的结果（图 8-3）。期间，资源压力的管理度从最理想的状态下降到 0.0421；人文压力的管理度从 0.6922 下降到 0.3178；由于我们高度重视污水排放入海等的治理，生态环境压力的管理度变化在考察期中有所上升，最后维持在考察期初的水平。随着人口增长，人们对各种资源的需求量不断增加，从而导致各种海洋自然资源的开发数量增加，这对提高海洋生态经济系统的适应性管理水平具有不可忽视的阻碍效应。为了减弱这种阻碍效应，开发替代资源、提高资源使用效率具有非常重要的意义。

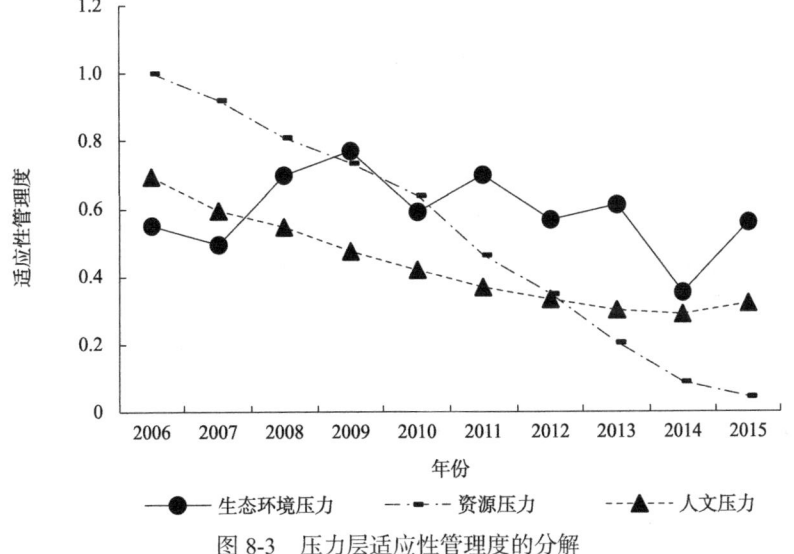

图 8-3　压力层适应性管理度的分解

状态层的适应性管理度在 2006~2015 年不断增加（图 8-2）。其管理度数值从 2006 年的 0.0806 增加到 2015 年的 0.1696，适应性管理度增加了 1 倍多。这说明在考察期间，海洋经济发展状态和生态环境发展状态在沿着良性发展的轨迹运行，这从另一个角度也说明我们开发海洋资源的经济效率不断提高，各种压力的正效应得到了较好的发挥（图 8-4）。这对于减缓山东省海洋生态经济系统可持续发展指数的不断下降的势头起到了重要的阻滞作用。

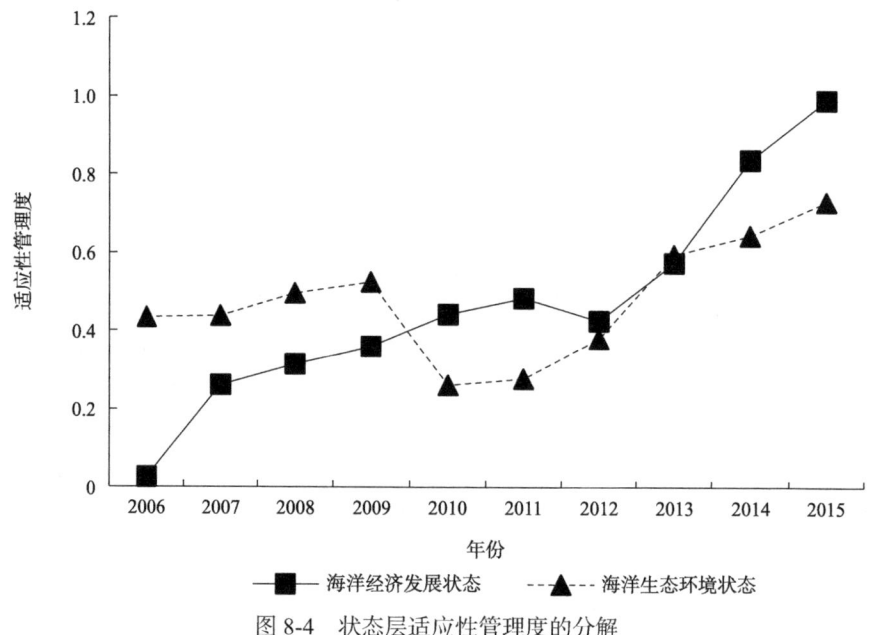

图 8-4　状态层适应性管理度的分解

响应层的适应性管理度在 2006~2015 年增长更为明显（图 8-2）。其管理度数值从 2006 年的 0.0485 增加到 2015 年的 0.1849，增长了 2.8 倍。具体到环境治理与保护、教育科技及管理水平三个维度的适应度，三者均有非常大的增加（图 8-5）。这也说明政府管理者、科学研究者以及公众参与者不断加强对海洋生态经济系统的资金、技术、教育、制度建设等方面的投入，这种不断强化的投入的积极效果正在不断发挥出来。在第七章我们提到适应性管理的一个重要环节就是反馈和调整适应性管理策略，以应对海洋生态经济系统中的不确定性及可能出现的新情况。山东省海洋生态经济系统响应层面的适应性管理度的持续提高，在一定程度上反映了当地适应性管理过程中明显强化了反馈和调整适应性管理策略这一环节，并取得了比较好的效果。

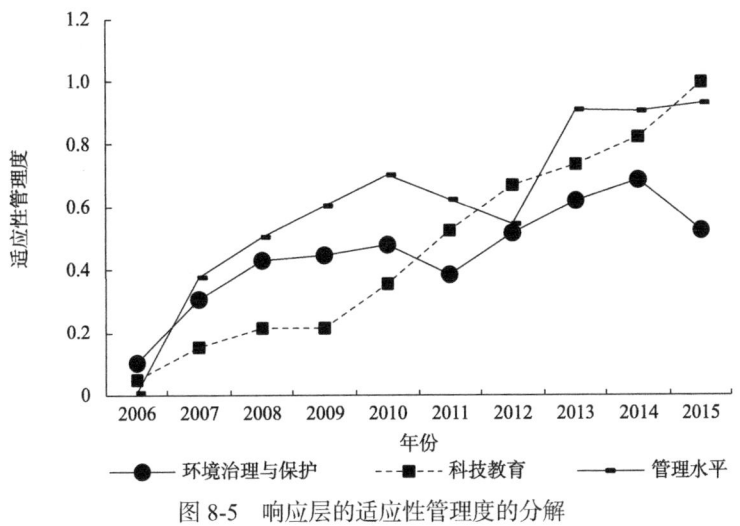

图 8-5 响应层的适应性管理度的分解

第四节 适应性管理水平提高的障碍因素诊断

根据式（8-8）计算出各指标的障碍度数值（表 8-2）。由表 8-2 可知，在山东省海洋生态经济系统适应性管理水平提高过程中的主要障碍因素具有以下特点。

表8-2 山东省海洋生态经济系统适应性管理的障碍度

指标	2006年	2007年	2008年	2009年	2010年	2011年	2012年	2013年	2014年	2015年
海平面上升	0.7421	1.0696	0.0000	0.1145	1.4388	0.6507	6.5470	5.5037	8.0260	6.0977
污水直接排放入海量	2.7969	4.0494	1.1102	0.0000	6.0957	4.8528	2.7164	5.3531	7.4811	2.1864
固体废弃物入海量	0.5262	0.4372	0.7770	0.6211	0.4456	0.0001	0.0000	0.5392	5.4476	9.2482
海水养殖面积	4.6129	5.9761	5.8177	5.4579	2.6967	2.1677	1.6590	0.8608	0.8252	0.0000
人均海岸线长度	0.0000	0.6151	1.2714	1.9886	3.2902	3.7706	4.2567	5.9739	7.1793	9.4540
海洋渔业产量	0.0000	0.4042	0.8683	1.7251	2.2001	2.9920	3.7922	5.5268	7.0548	9.4914
海洋能源开采量	0.0000	0.6910	1.2465	1.8301	2.0054	2.6574	3.8226	6.1550	7.3381	9.5231
矿业开采量	0.0000	0.0345	1.3514	1.4805	1.8129	4.1090	4.3701	7.1592	8.7622	9.0984
沿海地区人口密度	0.0000	0.6807	1.3294	2.2042	3.4866	3.9856	4.5080	6.3431	7.0231	9.4859

续表

指标	2006年	2007年	2008年	2009年	2010年	2011年	2012年	2013年	2014年	2015年
涉海就业人口	0.0000	1.5206	2.2938	2.9080	3.5392	4.0993	4.4679	6.0876	6.9632	8.7134
城镇化率	3.9979	3.9965	4.1234	4.3767	3.1211	2.7054	2.3436	2.4372	2.0758	0.0000
海洋生产总值	4.3723	4.6637	4.7934	4.5109	3.5290	3.1135	2.4529	2.4516	1.1299	0.0000
人均海洋生产总值	4.3614	4.6291	4.7444	4.4465	3.4813	3.0782	2.4179	2.4229	1.0993	0.0000
第一产业占比	3.9180	3.0033	2.3203	1.9042	0.0000	1.0306	2.2949	3.5082	2.3835	0.4024
结构高度化指数	4.2068	4.2436	5.5529	6.2459	6.1937	5.4749	4.9737	4.7465	1.4851	0.0000
海洋经济贡献率	4.2065	3.8511	4.4886	4.9957	2.8580	3.5830	3.0323	4.8213	1.0264	0.0000
海洋自然灾害经济损失	4.5215	2.4305	1.7501	1.2528	3.6155	1.5452	4.4990	0.1632	0.1830	0.0000
海水达到二类水质以上面积占比	3.2027	3.7769	2.7878	5.7498	6.0895	4.8541	1.3050	2.7035	0.0000	1.6370
生物多样性指数	0.0000	0.0000	1.7145	3.3954	4.6544	4.9822	5.9743	2.8062	1.3935	5.1466
赤潮、绿潮面积	4.6263	5.4478	4.7293	0.0000	3.0304	3.3259	3.9106	3.6753	7.2164	0.9018
沿海城市污水综合利用率	4.2703	2.9304	2.2843	1.7152	1.0121	0.5486	0.3341	0.2350	0.1394	0.0000
环境治理投资占比	4.6765	4.9288	4.3381	4.2767	3.8745	2.4388	1.1237	0.0000	0.3335	2.5210
固体废弃物处置率	2.5837	0.4481	4.1004	0.0000	2.4481	5.1972	4.6490	4.5775	3.0380	9.0541
海洋自然保护区建成面积	4.1910	4.9424	0.0000	5.8196	3.2900	4.5858	2.9928	3.7352	3.6888	4.3596
投放鱼苗数量	3.6602	4.2702	5.9394	3.5778	3.0739	4.2253	3.4320	1.6844	0.2513	0.0000
海洋科研机构从业人员	4.5888	4.9568	5.1225	3.6954	2.7710	2.1208	1.5647	1.6466	1.3401	0.0000
科研经费投入	3.8980	3.7390	3.8458	6.4803	3.3249	2.1492	1.0902	1.1932	0.0000	0.1149
海洋科技创新能力	4.2280	4.7081	4.9812	4.7452	5.5804	4.3643	3.5769	3.5145	2.9412	0.0000
沿海地区教育经费投入总额	4.6443	4.8460	4.9813	4.9676	4.1023	2.8075	1.6377	1.5732	1.3253	0.0000
海域使用管理水平	4.3991	4.3235	2.6378	1.3404	1.9163	1.9868	3.4798	0.1817	0.0000	1.7200
沿海海滨观测台站数量	4.8322	4.1956	4.4725	4.4241	1.4256	2.7237	4.2162	0.0000	0.0000	0.2182
海洋执法管理人员	3.8689	3.8687	4.1170	3.7207	3.5057	3.0977	2.5378	2.2450	2.5028	0.0000
环境信访办结率	4.0674	0.3217	0.1093	0.0292	0.0910	0.7763	0.0000	0.1752	0.3458	0.6260

第一，10个指标对提高海洋生态经济系统适应性管理水平的障碍程度呈现增加趋势。具有这种发展趋势的指标主要出现在压力层，具体来说主要是资源压力层面的人均海岸线长度、海洋渔业产量、海洋能源开采量和矿业开采量等4个指标，生态环境压力层面的海平面上升、固体废弃物入海量等2个指标，人文压力层面的沿海地区人口密度和涉海就业人口等2个指标。这8个指标的障碍度数值在十年间增加幅度都比较明显，其中资源压力层面的障碍程度最高，这在很大程度上也造成了该层面的适应性管理度的不断下降。

另外，状态层的生物多样性指数和响应层的固体废弃物处置率等个别指标的障碍度也有比较明显的增加。这在一定程度上反映出在海洋生态经济系统适应性管理中，某些状态是长期积累的结果，而某些措施或者响应需要长期坚持，只有这样才能够使适应性管理水平稳定提升。

第二，21个指标对提高海洋生态经济系统适应性管理水平的障碍度明显下降。具有这种发展趋势的指标主要出现在状态层和响应层：经济发展状态中的海洋生产总值、人均海洋生产总值、第一产业占比、结构高度化指数、海洋经济贡献率、海洋自然灾害经济损失等6个指标，生态环境状态层的海水达到二类水质以上面积占比、赤潮与绿潮面积等2个指标，生态环境治理与保护响应层的沿海城市污水综合利用率、环境治理投资占比、投放鱼苗数量等3个指标，教育科技响应层的海洋科研机构从业人员、科研经费投入、海洋科技创新能力、沿海地区教育经费投入总额等4个指标，管理水平响应层的海域使用管理水平、沿海海滨观测台站数量、海洋执法管理人员、环境信访办结率等4个指标，障碍程度明显降低的另外2个指标为压力层的海水养殖面积和城镇化率。这说明在2006~2015年，山东省在海洋生态经济系统管理过程中的各种投入越来越多，所取得的管理效果也越来越好。

第三，2个指标对提高海洋生态经济系统适应性管理水平的障碍程度变化不明显。属于这类情况的指标是污水直接排放入海量、海洋自然保护区建成面积。十年间，这两个指标的障碍度虽然都呈现波动变化的特点，但是两者的差别也是非常明显的：污水直接排放入海量的障碍度波动比较大，并且在2010年和2014年对适应性管理水平提高的障碍效应也比较大；海洋自然保护区建成面积的障碍度波动要相对小得多但是多数年份障碍度数值在3.5以上，这说明，对海洋生态经济系统维护生物多样性等方面具有重要作用的海洋自然保护区建设力度还需要加强。虽然我们在对陆源废水入海治理方面取得了比较大的成效，但是其不稳定性和易反弹性还需要我们继续下大力气进行治理。

第五节 讨 论

基于"压力—状态—响应"思想的海洋生态经济系统适应性管理水平评价模型中的压力层适应性管理度与状态层适应性管理度变化不仅影响当期响应层的投入,也影响后期响应层的投入;同样地,压力层适应性管理度与状态层适应性管理度变化不仅受到当期响应层投入的影响,也受到前期响应层投入的影响。各时期生态经济系统的压力、状态、响应之间的相互影响在时间轴上的延续是人们的管理政策与经济行为不断影响、不断调整的结果(图8-6),反映了海洋生态经济系统的发展是一个有机整体螺旋式发展的自适应和自组织过程。在这个过程中,不管是出于主动还是出于被动,各利益相关者持续获得反馈信息,并不断调整响应策略及其程度。

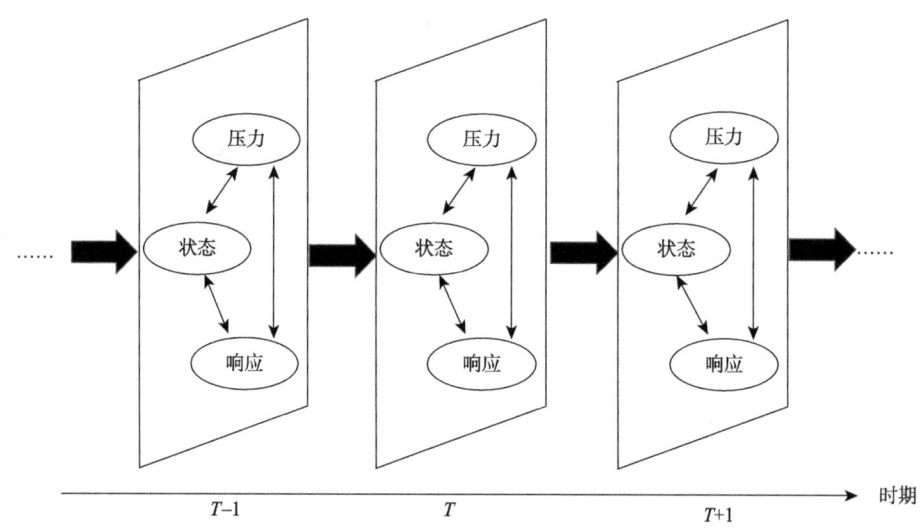

图 8-6 海洋生态经济系统适应性管理的演进路径

理论上,我们可以借助向量自回归模型以及脉冲响应模型,检验压力层、状态层和响应层适应性管理水平的相互关系以及来自解释变量和被解释变量滞后期的影响,但是实际上由于我们只有十年的数据,样本容量小会影响到结果的有效性而不能进行诸如此类的计量经济学分析。不过,这也为我们的后续研究提供了一个新的思路和研究途径。

基于"压力—状态—响应"思想的适应性管理绩效评价反映了海洋生态经济

系统内在的物质流、能量流以及信息流等的运行状态及其发展趋势。具有学习能动性的人们借助科学技术、资金、教育、政策等工具或者平台修正错误，持续调整海洋生态经济系统内部的各种物质、能量、信息的流动方向、速率和数量，这不仅体现了适应性管理思想，也符合可持续发展的要求。从本章的计算结果可以发现，山东省海洋生态经济系统的物质、能量和信息流动不断向更高水平发展，这反映了山东省的海洋适应性管理处于良性运行状态，对于山东省建设海洋强省和海洋生态文明具有重要的信息指示价值。

结合第四章至第六章基于能值相图的山东省海洋生态经济系统可持续发展评价和海洋渔业可持续发展评价结果来看，虽然适应性管理水平在不断提高，但是这种管理水平与促进海洋生态经济系统实现可持续发展的目标还有较大差距。这说明我们不断提升适应性管理水平的任务还非常艰巨。为了实现海洋生态经济系统的可持续发展，我们要不断完善海洋生态经济系统适应性管理体系，持续创新适应性管理制度，引导各利益相关者在政府的主导下，加强适应性学习，不断增加各种投入，持续提高适应性管理水平。

第九章 海洋生态经济系统适应性管理体系与制度安排

第一节 海洋生态经济系统适应性管理体系

一、包容性与适应性规划的目标管理

在海洋生态经济系统适应性管理过程中,追求的目标既包括生态修复与维护目标,也包括社会经济发展目标;既包括政府的发展目标,也包括生产者、消费者和社会公众的利益目标;既包括当代人的需求目标,也包括后代人的需求目标。在适应性管理过程中,这些目标都需要兼顾,虽然在一定阶段、一定地域有重点目标与次要目标之分,但是不能顾此失彼,不能为保障某一方的利益而损害其他利益相关者的需求或者利益。也就是说,适应性管理的目标管理是一种多目标优化的管理,为了使各利益相关者都能得到比较满意的结果,适应性管理的目标管理具有包容性与和谐性。

包容性与和谐性兼顾的目标管理的实现在一定程度上需要借助于适应性规划。适应性规划是设计可以实现的管理目标的过程[124]。也就是说,适应性管理过程中的管理目标是适应性的,能够随着认识水平的提高不断做出调整。具体到海洋生态经济系统,通过整合社会、技术、经济、环境、文化和政治等多方面的因素,综合评估管理涉及的各种价值取向,将其转化为可以实现的目标,并且这些目标在环境状况、经济水平、技术手段、认识水平、管理能力等一个或多个因素发展变化之后,可以根据实际情况及时做出相应调整。

我国海洋生态经济系统的管理目标的演进状况在一定程度上反映了适应性的要求。改革开放以来,我国的海洋生态经济系统管理目标从以提高海洋经济系统的经济产出能力和产出效益为侧重点到生态、经济效益并重的目标调整,

这一方面反映了我们对海洋生态经济系统的科学认识水平不断提高，更加尊重海洋生态系统发展规律和海洋经济发展规律，另一方面也反映了适应性目标管理的动态性和不断调整性特点。当然，管理目标的适应性调整和包容性特点是海洋生态经济系统管理科学发展的必然结果，也是实现海洋生态经济系统可持续发展的必然选择。

在实现上述目标管理的过程中，首先要从整体的角度，形成海洋生态经济系统管理基础性的管理目标，然后针对涉及的相关领域，确定各领域的主要管理目标，为适应性管理方案的制定与选择奠定基础。

在实施目标适应性管理的过程中，政府要起到核心组织作用。政府部门确定科学的发展方向，融合不同利益相关者的各种合理诉求，特别是作为海洋生态环境这一利益相关方的"代理人"将海洋生态环境的合理"诉求"及时而准确地表达出来。为了更好地发挥好这个作用，政府部门应采用法治和行政机制建立海洋生态经济系统适应性管理目标保障政策和制度，形成维护各方利益平衡的利益协调机制。2018年初国务院机构改革，将国家海洋局的海洋行政主管职责整合到自然资源部，这有利于建立更加科学有效的海洋可持续发展利益协调机制。

二、利益相关者积极参与的适应性协同管理

不同的利益相关者具有不同的利益诉求，同时不同的利益相关者在适应性管理过程中也具有不同的能动性和影响力。各利益相关者积极参与进来是实现适应性管理的必备条件和基本要求。为了促进海洋生态经济系统的可持续发展，实现各利益相关者的协同管理至关重要。适应性协同管理是在不确定因素突出及包容性目标背景下出现的一种管理策略[125]，是允许利益相关者在海洋生态经济系统适应性管理系统中，共担管理责任的一个动态、持续与自组织过程[126]。海洋生态经济系统的各利益相关者适应性协同管理，以处于强势地位的政府来组织，以协调与协同为核心，以跨越政府管理主体边界和时空尺度为主要特征，广泛吸纳生产人员、专业研究人员、管理人员、政府以及其他利益相关者组成管理决策群体，融合协同管理与适应性管理的原则，更加强调通过学习与协作，增强管理政策和方案的合理性，更好地实现包容性管理目标。

通过建立适应性协同管理，可以很好地将政府责任、企业责任和公众责任融合在一起，增强各利益相关者参与海洋生态经济系统适应性管理的主动性和积极性。在建立海洋适应性协同管理的过程中，采取的组织方式、参与机制和制度建设是首先要解决的问题。组织方式可以将自上而下与自下而上有机结合，以促使物质、能量、信息顺畅流动和传递；参与机制可以采取行政协调机制，市场竞争

与合作机制，公开听证、民意调查、咨询委员会多元结合的监督机制等。制度建设要以我国目前大力推行的生态文明建设为导向，以我国相关的法律、法规、政策为依据，最大限度地反映各利益相关者的意愿并得到他们的自觉拥护和全力支持。近些年，我国出台的《国家海洋局海洋生态文明建设实施方案》（2015~2020年）以及沿海各省份的涉海发展规划等都或多或少地涉及建立适应性协同管理制度的思想。例如，在《国家海洋局海洋生态文明建设实施方案》（2015~2020年）中，国家提出要着眼于建立基于生态系统的海洋综合管理体系，加大包括监测评价、污染防治、应急响应等海洋环境保护内容的实施，强化宣传教育与公众参与等；《山东半岛蓝色经济区发展规划》①和《山东新旧动能转换综合试验区建设总体方案》②都强调了在区域、产业、政策、管理等方面的协同重要性。

三、以行政区为边界的内部运作环境

海洋生态经济系统适应性管理的具体实施要落脚到特定的海域、特定的海洋自然资源或者特定的海洋生态系统等管理客体。我国的海洋管理在很大程度上实行中央及上级监督下的属地行政管理。也就是说，海洋生态经济系统的适应性管理实施也是以行政区划为边界的管理模式为基础，绝大部分的人力物力财力等方面的投入，社会管理行动、监测、评估和改进都要在特定的行政区域范围内完成。因此，行政区内的海洋生态经济系统运作环境管理体系的建立具有非常重要的作用。

内部运作环境包括管理机构和管理实施手段。良好的内部运作环境对海洋生态经济系统的适应性管理的有效实施具有深远影响。良好的内部运作环境对海洋生态经济系统的物质、能量、信息等流动的诊断、控制和优化配置具有非常重要的保障作用。科学的管理机构组织的职能主要是协调管理过程中出现的问题，如渔业纠纷、海域使用纠纷及海洋自然资源开发配置等。管理机构要实现高效的协调与监督，必须及时、全面、高效收集各种信息，对海洋生态经济系统的各种经济行为的效率进行客观评估，科学预测变化趋势，对各利益相关者的责任履行情况进行正确判断，并及时做出反应。

科学有效的管理实施手段是推进适应性管理的基本途径。这些管理手段包括法律、行政、经济、技术等。依法治海是根本，通过法律法规明确规定行政区范围内各利益相关者的责、权、利，以绿色发展理念和生态文明建设理念规范他们的生产、

---

① 《山东半岛蓝色经济区发展规划》2011年初获国务院批复，这是进入21世纪以来我国第一个以海洋经济为主题的国家级发展规划。

② 《山东新旧动能转换综合试验区建设总体方案》2018年初获国务院批复，这是党的十九大后首个区域性国家发展战略，也是我国第一个以新旧动能转换为主题的区域发展战略。

交换、流通、消费等经济行为。行政管理手段是有效保障，通过制定方针、政策，颁布标准，对各利益相关者的经济行为进行监督协调。经济管理手段必不可少，在市场经济中通过征税、补贴、补偿、排污权交易等内在化各利益相关者经济行为的外部性，提高海洋生态系统的再生产能力。技术管理手段是支撑，适应性管理的问题识别、方案制定与优选、监测与评估等每一个环节都离不开相应的技术支持，不断创新的技术手段是顺利实施适应性管理的关键要素之一。

四、公众全面参与的适应性管理平台

公众积极主动地参与到海洋生态经济系统管理全过程并且能够发挥出重要的监督作用，是适应性管理顺利实现的重要推动力。公众一般可以分为直接利益相关者和一般性公众两个群体，相应地，他们的参与方式也可以分为全面参与和有限参与两种，参与模式也可以分为正式参与和非正式参与[127]。公众是进行适应性管理的一方重要主体，也是提供各种信息的重要来源。但是他们获得其他利益相关者海洋经济活动信息的过程受限很大，不利于他们对某些涉海经济行为及海洋生态环境变化的全面了解，再加上公众参与渠道有限，这在很大程度上影响了公众参与海洋生态经济系统适应性管理的积极性和主动性，不利于提升他们的管理参与能力。

为了充分调动公众参与海洋生态经济系统适应性管理的积极性和主动性，政府部门应以主要组织者的身份构建科学的公众参与平台，方便公众最大限度获得相关信息及反馈信息，表达相关意愿，强化公众参与的自我责任感，进而发挥公众参与作用，推动适应性管理的顺利实施。基于互联网和计算机技术，以公众—管理者—专业人士的参与模式建立的公众参与平台，可以让管理者通过自身的优势，一头联系公众，及时收集他们的反馈信息及社会期望；一头联系专业人士，将公众提出的相关问题及时进行专业化处理，及时、准确、专业地答复公众，改进有关方案，调整相关政策，增强管理效果。便捷高效的公众参与平台有利于管理者与公众进行沟通，获得公众的理解和支持，最终推动形成既符合海洋生态经济系统利用与保护自然规律和经济规律，又能及时响应广大公众对海洋生态经济系统发展期望的适应性管理模式。

五、以陆海统筹为基础的可持续综合管理

虽然海洋与陆地之间的自然边界比较明确，但是两者之间通过自然驱动和人

为活动驱动的物质能量流动等产生了复杂联系。正是这种复杂联系的非正常及非可持续运行导致了海洋生态经济系统在利用中出现了许多备受关注的问题。因此，以陆海统筹为基础的可持续综合管理体系是海洋生态经济系统的适应性管理的重要组成部分。陆海统筹的管理思想表现在综合考虑海洋的宏观管理与微观治理的需求，统筹考虑陆海经济发展，重视以海洋承载力确定陆域经济发展规模，协调匹配陆海主体功能定位、开发强度与发展方向等，推进陆域管理部门和海域管理部门的协同管理，加强陆域产业与海洋产业的统筹发展。

这种可持续综合管理进一步体现在，实施以流域环境和近岸海域综合治理为核心的陆海联动防治海洋污染，严守生态红线和坚守生态功能保障基线的陆海协同以推进生态保护，制定差异化和有针对性的风险防范措施，提升海岸带地区综合防灾减灾能力，实现陆海联防联控海洋灾害，最终建立一体化、立体化、强适应性的海洋生态安全综合管理体系。国务院重组成立的自然资源部和生态环境部，在陆域和海洋两大系统之间建立起资源利用、环境保护、经济发展的综合协调模式，更加有利于实现以"海陆统筹"为基础的可持续发展综合管理。

第二节 海洋生态经济系统适应性管理的制度安排

一、多目标融合的海洋生态化转型制度

在目前的海洋开发与利用中出现严重的生态环境问题的一个深层次原因是我们的实际生产行为体现了人类中心主义的价值观，而将海洋生态资本的可持续性放在次要位置，甚至选择性忽视。但是，海洋可持续发展的多目标本质，要求我们在制度安排过程中必须将海洋生态资本的可持续利用融入社会发展价值观念中来。这种制度安排摒弃了将经济利益凌驾于生态利益之上的行为，体现了生态中心主义价值观①，将可持续发展的多目标要求转型到海洋生态化发展趋势。这种制度安排以一种融合的内涵将人与海相融合，生态利益与经济利益相融合，当代需

---

① 生态中心主义认为人是自然的一部分，人类社会的发展应当与生态系统发展协调融合，是一体化的，因此，人需要融入整个生态系统之中，应当对自然负有一定的道德义务和法律义务。这一全新的伦理价值观被视为解决环境问题的根本思路，是对失范的人与自然关系的纠正[128]。

求与后代需求相融合,政府与市场相融合。也就是说,这种制度安排不仅仅是简单地将海洋生态环境保护体现在具体的制度条文之中,而是真正地在多目标优化的海洋生态化转型中付诸实践行动,强调人与海的和谐、各种利益的融合,确保人类活动与海洋生态经济系统可持续发展的协调一致。

这种强调融合多目标的生态化转型体现了将人类的经济系统视为生态系统的一部分,而不是强行把生态系统纳入人类的经济系统;同时,这种生态化转型也强调通过技术进步和制度创新,能够科学利用海洋生态系统的自然资源有力地促进经济社会发展。这实质上是一种生态经济的发展理念。遵循这种理念的制度安排消除了人与自然、环境保护与经济发展之间的"零和游戏",形成了激励相容的结构关系与融合协调的利益互动机制,发展经济有利于生态环境,保护环境也能够带来经济的绿色内涵式发展。

近年来,我国围绕生态文明建设从中央政府层面到地方政府层面均对融合多目标的海洋生态化转型制度设计做了大量工作。从《国家海洋局海洋生态文明建设实施方案》(2015~2020年)、《中华人民共和国海洋环境保护法》(2017年修正)(以下简称《海洋环境保护法》)、《关于全面建立实施海洋生态红线制度的意见》、《全国海洋主体功能区规划》到正在开展的"蓝色海湾整治行动",从2018年1月1日起正式施行的《海洋工程环境保护税申报征收办法》以及试点以来成绩斐然的"湾长制"到酝酿推行的海洋自然资源资产负债表编制制度等都很好地体现了人与海的和谐、各种利益的融合。并且从实际发展趋势来看,保护海洋生态环境从口号更多地转向实际行动。这些制度安排都是旨在将海洋自然资源和环境的保护责任与经济发展责任、社会建设责任一致起来,强化海洋生态环境治理投入与担责制度。

现阶段为了顺利推进多目标融合的海洋生态化转型,沿海地区亟待关注以下三项制度安排。

创新伏季休渔制度。1995年,我国沿海地区开始全面实施伏季休渔制度。这对保护近海渔业资源,实现海洋渔业生态经济系统的可持续发展具有重要意义。但是执行多年的伏季休渔制度对海洋渔业的保护力度越来越弱[129]。随着我们对海洋生态经济系统发展规律的了解日益增多,在适应性管理的理念下非常有必要对该制度进行创新。调整后的伏季休渔制度应该以休渔与限量捕捞符合海洋鱼类生物学生长和分布规律为基本原则,制定灵活的全年分时段、分海域休渔期,让尽可能多的鱼种能够保持正常的再生和更新能力。这种灵活的伏季休渔制度在实现人海和谐的过程中实现了三赢:结构稳定的多样性的渔业资源、可持续的近海捕捞、渔民与管理者的默契配合与相互信任。

建立以生态化转型为核心的湾长制绩效考核制度。湾长制以推进海湾环境污染防治,改善海洋环境为目的,是我国沿海地区提出的海洋生态环境治理新模式。

湾长制实质上是以生态经济的理念开展海湾海域治理，实现"人湾"和谐。为了使湾长制在完善海洋空间管控和景观整治，优化海洋产业布局，实现生产生活生态化的进程中发挥重要作用，应该尽快建立以生态化转型为核心的湾长制考核制度。这个考核制度应摒弃就保护生态环境而保护生态环境的传统观念，从陆海统筹、河湾共治、生态环境保护与绿色经济发展共进，多方利益相关者积极参与的角度设计评价指标体系。

尽快建立与完善海洋自然资源资产负债表编制与使用制度。应在及时总结前期试点经验的基础上，尽快完善岸线、海域、水质、生物多样性等统计核算体系，对各类海洋自然资源资产的存量、流量从数量、质量和价值量等方面进行全方位的核算，科学评估海洋自然资源资产总值和生态产品服务流的价值。在此基础上，要及时将核算结果纳入沿海地区乃至全国国民经济核算体系，生态文明建设绩效考核体系等，使海洋自然资源有量、有价的观念深刻融入社会经济发展的各方面、各领域，规范人们的向海经济活动，促进向海经济活动的生态效益、经济效益和社会效益多目标的有机融合。

二、多规合一与动态调整制度

海洋生态经济系统适应性管理的有效实施离不开科学的规划，特别是对适应性管理的目标、资源投入和支持制度等进行长期规划。目前我国涉及海洋方面的规划包括海洋主体功能区规划、海洋经济发展规划、海洋科技发展规划、海洋生态环境保护规划及较多的专项发展规划，这些规划中或多或少地体现了海洋适应性管理的思想和措施，但是不可否认的是，这些规划也存在着规划空间与内容的重叠甚至冲突问题，这对于解决海域的无序开发、过度开发，海洋生态空间占用过多、生态破坏、环境污染等问题极为不利。为了解决这些问题，应该尽可能地以多规合一思想指导海洋利用与保护的规划编制。综合的规划编制过程，实质上是政府、企业、公众、社会组织等实现海洋协同治理的重要体现和必然要求。这不仅加大了规划编制过程中企业、公众、社会组织及专业人员的参与和介入力度，而且加强了规划内容和制度的客观性及实施政策的针对性和有效性。一个从复杂系统论和协同论的角度将多目标有机综合考虑的海洋适应性管理规划，在体现自然规律和社会经济发展规律的基础上，很好地将政府、企业、公众、社会等各主体的利益诉求有机融合，科学设置涉海行为的边界条件，找出实现海洋生态经济系统适应性管理目标的有效路径和具体措施。

为了更有效地实施海洋生态经济系统适应性管理，涉海多规合一主要包括以下内容：建立规划目标、参照标准、适用技术、空间范围、规划周期、主体部门等各个方面实现有机融合的机制,防止出现越位、缺位、错位、失位等问题;整合建设统一的数据、技术、审批与监管制度,避免数据的不一致,消除技术壁垒,统一审批程序,统一监管监督;创新规划纵向分层与横向并行的协调配合机制,构建新型的海洋发展规划网状体系。新型的涉海规划很好地体现了陆海统筹思想——既反映了陆域与海域之间的不可分割性,也反映了岸线开发边界和海域开发边界的明确性。新型的涉海规划也很好地支持了海洋生态经济发展新模式——调控海洋生态红线,优化区域空间布局;提升海洋经济绿线,引导海洋经济高质量持续发展;建设海洋环境蓝线,保障海洋环境安全。

当然,海洋生态经济系统不断发展变化,人们的认识水平不断提高,以及科学技术的进步要求我们要对海洋适应性管理进行动态调整。动态调整的内容包括规划的阶段性目标的调整、实现路径的调整、具体措施的调整、生产和生活方式的调整、传统科学技术的改进与新兴科学技术的扶持等。这些方面的动态调整也反映了适应性管理过程是主动进行迭代管理和持续改进的过程。

2018年初,国务院将原国家海洋局大部分职责整合到新组建的自然资源部,赋予了新时代海洋管理工作新的发展平台和更重要的职责。自然资源部将几个部委的规划职能整合到一起,为真正实现"多规合一"奠定了坚实基础,这将增强涉海发展规划的制定科学性,实施高效性和动态调整及时性,能够极大地提高海洋生态经济系统适应性管理水平。

三、多元主体协同参与制度

目前,我国海洋管理主体构成单一,长期以来都是以政府为主导,这与适应性管理需要各利益相关者共同参与的要求还有很大差距。虽然现在海洋管理,特别是海洋环境治理与保护领域已经出现合作,但是这主要是政府之间的合作,并且这种合作大多数主要是为了解决某个临时性的突发问题而联系在一起的"互助"的合作形态,是临时性的、松散的、没有固定的协作机制[130]。

海洋适应性管理是一个多主体,特别是利益相关者协同参与的治理过程。在经济发展新常态以及建设海洋生态文明的大背景下,针对海洋管理,在巩固政府的核心地位,发挥好政府的主导作用之外,还应该充分调动公众与社会的参与积极性,从单一的政府治理模式转向政府主导、公众与社会积极参与的协同治理模式,最终形成一种新型的政府间相互协同、公众有效参与、社会组织深入协助、大数据信息共享的海洋管理新格局。

这种海洋管理新格局是实现多目标优化的海洋生态化协同治理的基础和必要途径。政府间互助协同有利于充分调动跨区域的经济资源、社会资源和自然资源,对海洋生态经济系统进行综合管理；公众有效参与能够让海洋适应性管理的公共政策得到公众广泛理解和行动支持，这是政府、企业和公众进行利益协商的必要途径；社会组织深度协助有助于广泛宣传海洋适应性管理的目标、政策和行动，帮助公众转变海洋开发利用的理念和方式，使公众理解、支持和配合政府的管理行动；大数据信息共享是各主体参与协同治理的重要保障。

政府相互协同治理机制可以按照目前电子政府的技术路径，以政府联盟为组织形式，以利益再分配作为补偿机制的思路来进行设计。海洋管理往往涉及多个地区，明确它们之间的权利和义务、职权职责、打破政治型界墙、协同合作、互助共赢。

虽然我国现在比较关注公众参与政策制定、咨询等，并且也存在比较成熟的形式多样化的公众参与制度安排，但是目前关于海洋环境保护等方面的有关公众参与的制度设计主要散见于《中华人民共和国环境保护法》《海洋环境保护法》《中华人民共和国海域使用管理法》《中华人民共和国海岛保护法》等法律文件之中。这些法律对公众参与海洋管理做出了原则性和概括性的规定。公众参与主要是消极被动的参与，往往表现为对已经发生的污染等破坏行为提出建议或投诉。为了调动公众参与的主动性和积极性，我们应加强公众参与海洋各项管理工作的制度制定和实施，使公众能够参与海洋开发与管理方面的相关规划制订、涉海工程评估、海洋环境工程保护税征收听证会和海域使用权拍卖等实质性工作，明确公众参与海洋管理的方式、阶段和效果，最终达到更便于公众反映意见和建议、更便于公众监督举报的目的，以调动他们的参与积极性，提高参与能力和参与水平，增强公众参与效果。

我国有关海洋方面的非政府社会组织数量比较少、资金和专业人员也比较短缺，发挥的作用比较有限。为了加快 NGO 参与海洋适应性管理的全过程，我国应该加强 NGO 的组织与内部结构治理、沟通平台、协调机制、决策服务与激励规范等方面的制度建设，全方位支持 NGO 的健康发展，使 NGO 在各个环节、各种场合协助政府做好海洋保护等方面的监督与宣传工作，发挥越来越重要的作用。

海洋适应性管理全过程离不开全面、准确、及时的信息共享。我国已经在加强海洋生态经济系统的开发、利用与保护等方面的信息平台建设，加大海洋方面的信息共享力度。这不仅让政府部门和企业，而且使公众和社会组织能从相关渠道越来越便捷地获得规划、海水质量、灾害预报、重要资源使用等方面的信息。这有助于增强协同参与治理手段的针对性和有效性，提高海洋资源利用效率，提升协同治理主体之间的协同度和融合度。不过，随着新情况、新问题的出现，我国海洋管理信息共享建设还任重道远。今后我们要借助现代信息技术和新媒体工具，构建大数据信息共享平台。这里需要注意三个方面的工作：第一，加快各级政府间及部门间的信息整合与共享，以一站式的方式给公众和社会组织提供尽可能多的信息；第二，配合国家服务型政府建设，从陆海统筹的视角加快共享与海洋有关的信息，如各类企业用海、入海污染物、海岸带环境监测与灾害预警、海洋环境保护投入、沿海经济发展及海洋生态经济系统发展状况评估等数据的及时公开与更新，实现无障碍共享；第三，在积极推动构建海洋命运共同体中，与海外国家和地区特别是环太平洋沿岸国家和地区加强在海洋渔业捕捞、海洋环境污染、气候变化、外来物种入侵、海洋保护区建设等领域的信息合作与共享。

四、责任分担制度

长期以来，我国海洋生态保护与环境治理的主体单一，以各级政府为主导。这种不符合"谁使用、谁受益、谁保护"以及"谁污染、谁治理"原则的海洋管理模式不仅造成政府比较沉重的生态保护与环境治理费用支出负担，而且这种"企业污染、群众受害、政府买单"的不合理局面使海洋生态经济系统面临越来越严峻的不可持续发展形势。目前我国新出台的《中华人民共和国环境保护税法》《生态环境损害赔偿制度改革方案》《海洋工程环境保护税申报征收办法》已经于2018年1月1日开始实施。这些法律法规将有效破解"企业污染、群众受害、政府买单"的困局，有利于扭转长期以来主要由政府承担海洋生态环境保护工作的局面。这样一来，海洋适应性管理的投入和责任就由原来以政府为主的传统模式转变为政府、企业等共同投入和担责的新模式，这对于海洋生态经济系统实现可持续发展具有重要作用。

在具体实施以上法规的过程中，为了使这种投入和责任分担制度能够充分地发挥作用，我们应该注意以下几个方面的制度设计。

第一，建立科学的生态环境损害赔偿具体数额的鉴定方法和海洋环境税征收标准。对生态环境损害修复难度的鉴定评估直接关乎生态环境损害赔偿的额度与力度，过低难以达到惩治违法企业的目的，过高又对涉事企业不公平，均不利于我国环境损害赔偿制度的发展。虽然《中华人民共和国环境保护税法》中给出了环境保护税税目税额的范围，但是各地要统筹考虑本地区环境承载能力、污染物排放现状和经济社会生态发展目标要求，确定环境保护税的征收标准，从而保证环境保护税征收工作的顺利开展，达到开征环境保护税的目的，即保护和改善环境，减少污染物排放，推进海洋生态文明建设。

第二，强化生态环境损害赔偿制度与环境公益诉讼制度的相辅相成关系。在正式实施生态环境损害赔偿制度以前，公共环境损害大多对应的是公益诉讼制度，原告以公益组织为主；生态环境损害赔偿制度的原告是省级、市地级政府。二者虽然在形式上有一定交叉，但主体不同，且环境公益诉讼更有助于社会民众对企业污染的监督和维权，二者间是相辅相成，良性发展的关系。为了促进生态环境损害赔偿制度的顺利实施，在后续实践中可以考虑成立一个专门机构来代替政府从事生态环境损害赔偿追偿工作，由政府官员、环保专家、企业家、民众等参与其中，既增加了机构的专业性、灵活性，也有利于监管监督。

第三，建立涉税信息共享平台和工作配合机制。环境保护主管部门应当将排污单位的排污许可、污染物排放数据、环境违法和受行政处罚情况等环境保护相关信息，定期交送税务机关。税务机关应当将纳税人的纳税申报、税款入库、减免税额、欠缴税款及风险疑点等环境保护税涉税信息，定期交送环境保护主管部门。虽然《中华人民共和国环境保护法》中规定了环境保护主管部门和税务机关各自的任务与职责，但是在实际操作时，还需要认真落实。这种信息共享和工作配合机制也为公众和社会监督提供了便利。

海洋适应性管理过程的投入和责任分担制度的顺利推进，一方面可以增加生态保护的资金来源，减轻政府财政投入的负担，另一方面可以增强海洋自然资源使用者、污染者或者破坏者的社会责任；一方面体现政府的有效管理，另一方面又充分发挥市场在资源配置中的基础性作用。另外，这对于改变海洋自然资源使用者、污染者或者破坏者的经济行为，由事后补偿机制向事前预防机制转变也具有重要的促进作用。

五、海洋适应性管理的法治化建设

海洋适应性管理的法治化对于明确各涉海主体的权利与责任，规范各主体行为，加强对各主体的监督等具有重要作用。海洋适应性管理方面的法治化建设主要包括以下几个方面的内容。

第一，海洋适应性管理内容的法治化。依据我国的基本性海洋法律制度和单行海洋法律法规，结合海洋经济发展规划、海洋生态红线划选、海洋主体功能区划、海洋空间规划等，开展海洋环境、海洋文化、海洋科技、海洋产业等领域的具体法治建设，逐步建立海洋环境宏观调控机制，按照统一的监测方案与技术标准，组织开展对全国各海域环境的监测，为海洋生态资源环境实施分类管理提供充分的法律依据。

第二，海洋重要自然资源适应性管理的法治化。我国海洋自然资源种类众多，目前海洋渔业资源的枯竭是备受关注的问题。虽然我们采取了伏季休渔等管制办法，但是渔业资源的再生问题还与其他海洋经济活动（围填海、挖沙、排污）等密切相关。因此，我们在制定单项资源使用适应性管理制度的过程中，要充分考虑这些自然资源之间的内在依赖关系和相互影响关系，增强特定海洋自然资源适应性管理措施的有效性。

第三，海洋自然资源与相关陆域经济活动管理的法治化。无论是从生产环节或生产的价值链的角度讲，海洋自然资源的开发在整个经济活动中均处于非常重要的环节。陆域经济活动的上游供给与下游需求状况、科学技术水平等影响了海洋自然资源的适应性管理的进程和有效性。因此，在制定海洋自然资源适应性管理的制度时，陆域经济活动的影响也不容忽视。

第四，对重要海域适应性管理的制度化。我国沿海地区以《海洋环境保护法》为依据，建立海洋保护区，采取有效措施保护红树林、珊瑚礁、滨海湿地、海岛、海湾、入海河口、重要渔业水域等具有典型性、代表性的海洋生态系统，珍稀、濒危海洋生物的天然集中分布区，具有重要经济价值的海洋生物生存区域，以及有重大科学文化价值的海洋自然历史遗迹和自然景观，并对具有重要经济、社会价值的已遭到破坏的海洋生态进行整治和修复。随着社会经济发展以及生态环境的变迁，生态保护区建设要以建成国家公园为主体的海洋自然保护地体系为目标，正确处理好经济发展与环境保护的关系，正确处理好重点保护与有效利用的关系，不断完善不同类型自然保护区管理制度，形成我国典型海洋生态经济系统发展的适应性管理制度体系。

总之，通过海洋适应性管理工作的法治化建设，最终目的就是从制度建设上不断完善相关法律、法规，以强制手段调整和规范涉海活动中的各种关系和行为，使其符合海洋适应性管理目标，保障法律手段、行政手段、经济手段和其他管理手段的有效实施，以产生良好的管理效果。

第十章 结论与展望

第一节 结 论

  海洋生态经济各子系统及其各组成要素是构成海洋生态经济系统的基础,各组成要素通过海洋生态子系统的食物链和海洋经济子系统的投入产出链组成的食物链—投入产出链相互连接组成一个完整的复合系统。海洋生态经济系统内各种物质、能量、信息、人和价值的合理时空组合及其合理流动的外在表现就是该系统实现了良好的生态经济功能。这些功能可以分为生态再生产、经济再生产和社会再生产。海洋生态子系统再生产的基础性地位越来越脆弱,海洋经济系统再生产的主导作用越来越突出,海洋经济再生产的理性化趋势越来越明显,海洋生态经济系统的主要矛盾越来越凸显。

  将能值理论与三元相图理论相结合构建能值相图模型,能够更客观地描述系统生产过程与自然环境和经济系统之间在物质、能量、信息、劳动力等方面流动时产生的相互关系,反映出在不同的资源开发与利用模式下系统的资源配置比例,能够深入分析系统可持续发展状况与趋势,进而为决策制定提供形象而直观的科学依据。三元能值相图不仅使我们能够评估一个既定生产过程的实际状态,而且能够识别那些能够被改变的关键参数,以改善整个系统的环境绩效。

  运用能值相图模型对山东省海洋生态经济系统及海洋渔业的可持续发展状况进行评价的结果表明,2006~2015年山东省海洋生态经济系统处于不可持续发展状态,并且可持续发展指数在研究期呈现不断下降的态势;2003~2015年山东省海洋渔业生态经济系统的环境负载率增加,能值产出率、可持续发展能力明显降低。从可持续发展指数看,海水养殖生态经济系统面临的发展压力明显高于海洋捕捞生态经济系统面临的发展压力。

  海洋生态经济系统适应性管理是针对海洋生态经济系统中的不确定因素展开的识别、监测、评估、应对、调整等一系列行动的反复循环过程,通过不断调整管理模式,优化配置方案来提高海洋生态经济系统的适应能力,促进海洋资源的开发利用不断适应社会、经济、生态环境等各方面协调、可持续发展需要，实现海洋生态经济系统健康及资源管理的可持续性。海洋生态经济系统适应性管理模式的主要要素包括和谐包容性目标、动态的监测、绩效考评、效果反馈、方案改进、正向激励等。适应性管理的各利益相关主体始终围绕着海洋生态经济复杂大系统，在不断地提高对海洋生态经济系统发展进程中不确定性的认识水平，并且这种认识水平的不断提高也在不断调整和深化各主体之间的相互关系。两者之间的良性互动有助于修改和完善各适应性管理要素的内涵，反过来，海洋适应性管理各要素环环紧扣，形成一个内部相互影响、及时调整的良性循环递进系统，以及主动跟踪和适应利益相关主体关系的调整和不确定性认识水平提高的发展趋势。

"压力—状态—响应"模型以因果关系为基础，分析海洋生态经济系统内在的因果关系，寻求可持续发展中人类活动与生态环境影响之间的因果链，反映了在实现海洋生态经济系统可持续发展的适应性管理中的政府责任、企业责任及公众责任的实际履行情况。根据"压力—状态—响应"思想，选取33个指标构建海洋生态经济系统适应性管理绩效测度模型，以山东省为例的研究结果表明，2006~2015年该省海洋生态经济系统适应性管理水平明显提高，但是压力、状态和响应三个分项的适应性管理度及其变化趋势差异明显。障碍度诊断结果表明，影响海洋生态经济系统适应性管理绩效提升的因素主要来自压力层，即自然因素和人文因素引起海洋生态系统状态改变的外源性因素给生态环境带来的干扰不容忽视。

对海洋生态经济系统进行适应性管理是不断提高海洋生态经济系统可持续发展的重要途径。为了不断提高海洋生态经济系统的适应性管理水平，我们应该建立包含以包容性与适应性规划的目标管理、实现利益相关者的适应性协同管理、以行政区为边界的内部运作环境、公众全面参与的适应性管理平台、以陆海统筹为基础的可持续综合管理的适应性管理体系；推进多目标融合的生态化转型、多规合一与动态调整、多主体协同参与、责任分担、海洋适应性管理的法制化建设等方面的制度建设。

第二节 展 望

海洋生态经济系统是一个开放性、流动性、空间性、综合性、不确定性都非常突出的复杂巨系统，再加上目前我国关于海洋生态经济系统可持续发展及适应性管理的理论研究还很不成熟，同时受资料和数据的限制，我们运用能值相图模型对海洋生态经济系统可持续发展状况评价以及适应性管理绩效评价研究还有待深入，适应性管理模式与相关制度设计还有待细化。后续研究将持续关注这些问题并重点解决以下四个任务：运用能值相图模型对我国海洋生态经济系统可持续发展的时空差异进行研究，探讨海洋生态经济系统发展可持续性的分布特征、演变规律与发展趋势；从陆海统筹角度研究海洋生态经济系统与陆域生态经济系统的可持续发展互动影响机理、资源效应、协同发展等；从宏观和微观两个层面，与自然资源资产负债表编制相结合，运用能值相图模型研究海洋生态经济系统管理绩效问题，进行更有针对性的海洋适应性管理研究；借助智能化技术和地理信息系统（geographic information systems，GIS）技术，建立海洋生态经济系统可持续发展评价和适应性管理信息系统。

参 考 文 献

[1] 胡锦涛. 坚定不移沿着中国特色社会主义道路前进 为全面建成小康社会而奋斗——在中国共产党第十八次全国代表大会上的报告. 人民日报，2012-12-18（01）.

[2] 习近平. 进一步关心海洋认识海洋经略海洋 推动海洋强国建设不断取得新成就. 人民日报，2013-08-01（01）.

[3] 孙斌，徐质斌. 海洋经济学. 济南：山东教育出版社，2004：192-220.

[4] 冯士筰，李凤岐，李少菁. 海洋科学导论. 北京：高等教育出版社，1999：308-309.

[5] Chen D J, Li P, Lu F, et al. Construction and application of ecological-economic model based on input-occupancy-output technique. The Proceedings of the China Association for Science and Technology. Beijing：Science Press and Science Press USA Inc.，2006，439-449.

[6] 陈东景，李培英，刘乐军，等. 海底地质灾害对社会经济发展影响的特点与趋势. 海洋开发与管理，2010，27（6）：80-84.

[7] 李京梅，刘铁鹰. 围填海造地环境成本评估：以胶州湾为例. 海洋环境科学，2011，30（6）：881-885.

[8] 倪国江，韩立民. 世界海洋科学研究进展与前景展望. 太平洋学报，2008，（12）：78-84.

[9] 陈尚，张朝晖，马艳，等. 我国海洋生态系统服务功能及其价值评估研究计划. 地球科学进展，2006，21（11）：1127-1133.

[10] Eggert H, Olsson B. Valuing multi-attribute marine water quality. Marine Policy，2009，33（2）：201-206.

[11] Costanza R，D'arge R，Rudolf D G，et al. The value of world's ecosystem services and natural capital. Nature，1997，387：253-360.

[12] Lange G M, Jiddawi N. Economic value of marine ecosystem services in Zanzibar：implications for marine conservation and sustainable development. Ocean & Coastal Management，2009，52（10）：521-532.

[13] Remoundou K，Koundouri P，Kontogianni A，et al. Valuation of natural marine ecosystems：an economic perspective. Environmental Science & Policy，2009，12（7）：1040-1051.

[14] Butler J R A，Wong G Y，Metcalfe D. An analysis of trade-offs between multiple ecosystem services and stakeholders linked to land use and water quality management in the Great Barrier Reef，Australia. Agriculture，Ecosystems & Environment，2013，180：176-191.

[15] Beaumont N J, Austen M C, Mangi S C, et al. Economic valuation for the conservation of marine

biodiversity. Marine Pollution Bulletin, 2008, 56 (3): 386-396.

[16] Pinto R, de Jonge V N, Neto J M, et al. Towards a DPSIR driven integration of ecological value, water uses and ecosystem services for estuarine systems. Ocean & Coastal Management, 2013, 72: 64-79.

[17] 陈尚, 任大川, 夏涛, 等. 海洋生态资本价值结构要素与评估指标体系. 生态学报, 2010, 30 (23): 6331-6337.

[18] 李京梅, 张国庆, 陈尚, 等. 罗源湾海洋生态资本对区域经济贡献度的实证分析. 中国海洋大学学报 (社会科学版), 2012, 25 (1): 43-47.

[19] 沈满洪, 毛狄. 海洋生态系统服务价值评估研究综述. 生态学报, 2019, 39 (6): 2255-2265.

[20] 贺义雄, 岳晓菲, 杨铭, 等. 我国国家海洋资源资产负债表编制研究. 海洋开发与管理, 2017, 34 (10): 72-76.

[21] 付秀梅, 苏丽荣, 王晓瑜. 海洋生物资源资产负债表编制技术框架研究. 太平洋学报, 2017, 25 (8): 94-104.

[22] 王涛, 何广顺. 海域资源资产负债表核算框架研究. 海洋经济, 2016, 6 (2): 3-12.

[23] Wallis A M, Graymore M L M, Richards A J. Significance of environment in the assessment of sustainable development: the case for south west Victoria. Ecological Economics, 2011, 70(4): 595-605.

[24] Vačkář D. Ecological Footprint, environmental performance and biodiversity: a cross-national comparison. Ecological Indicators, 2012, 16: 40-46.

[25] Parker R W R, Tyedmers P H. Uncertainty and natural variability in the ecological footprint of fisheries: a case study of reduction fisheries for meal and oil. Ecological Indicators, 2012, 16: 76-83.

[26] 韩增林, 胡伟, 钟敬秋, 等. 基于能值分析的中国海洋生态经济可持续发展评价. 生态学报, 2017, 37 (8): 2563-2574.

[27] 狄乾斌, 张海红, 曹可. 基于能值的山东省海洋生态足迹研究. 海洋通报, 2015, 34 (1): 1-6.

[28] 赵晟, 李梦娜, 吴常文. 舟山海域生态系统服务能值价值评估. 生态学报, 2015, 35 (3): 678-685.

[29] 黄洵, 黄民生, 黄飞萍. 鲍鱼养殖系统能值分析——以福清宏峰泰鲍鱼养殖基地为例. 福建师范大学学报 (自然科学版), 2014, 30 (6): 69-76.

[30] Ou C H, Liu W H. Developing a sustainable indicator system based on the pressure-state-response framework for local fisheries: a case study of Gungliau, Taiwan. Ocean & Coastal Management, 2010, 53 (5/6): 289-300.

[31] Wielgus J, Sala E, Gerber L R. Assessing the ecological and economic benefits of a no-take marine reserve. Ecological Economics, 2008, 67 (1): 32-40.

[32] Marques A S, Ramos T B, Caeiro S, et al. Adaptive-participative sustainability indicators in marine protected areas: Design and communication. Ocean & Coastal Management, 2013, 72: 36-45.

[33] 陈东景, 李培英, 吴桑云. 海洋绿色 GDP 核算与可持续发展评价研究. 北京: 中国商务出

版社, 2008.

[34] 高乐华, 高强. 海洋生态经济系统交互胁迫关系验证及其协调度测算. 资源科学, 2012, 34(1): 173-184.

[35] Costanza R, Andrade F, Antunes P, et al. Ecological economics and sustainable governance of the ocean. Ecological Economics, 1999, 31 (2): 171-187.

[36] Antunes P, Santos R. Integrated environmental management of the oceans. Ecological Economics, 1999, 31 (2): 215-226.

[37] Curtin R, Prellezo R. Understanding marine ecosystem based management: a literature review. Marine Policy, 2010, 34 (5): 821-830.

[38] Mahon R, Fanning L, McConney P. A governance perspective on the large marine ecosystem approach. Marine Policy, 2009, 33 (2): 317-321.

[39] Hughes T P, Gunderson L H, Folke C, et al. Adaptive management of the Great Barrier Reef and the Grand Canyon World Heritage Areas. AMBIO: A Journal of the Human Environment, 2007, 36 (7): 586-592.

[40] Patterson M, Glavovic B. 海洋与海岸带生态经济学. 陈林生, 高健译. 北京: 海洋出版社, 2015: 69.

[41] 杜建国, 陈彬, 周秋麟, 等. 以海岸带综合管理为工具开展海洋生物多样性保护管理. 海洋通报, 2011, 30 (4): 456-462.

[42] 杨金森, 秦德润, 王松霈. 海岸带和海洋生态经济管理. 北京: 海洋出版社, 2000: 1-2.

[43] 王琦妍. 基于社会-生态系统的海洋资源管理研究——原则、概念和应用. 上海: 上海海洋大学, 2011.

[44] 王翠. 基于生态系统的海岸带综合管理模式研究——以胶州湾为例. 青岛: 中国海洋大学, 2009.

[45] 赵慕愚, 宋利珠. 相图的边界理论及其应用——相区及其边界构成相图的规律. 北京: 科学出版社, 2004.

[46] Hofstetter P, Braunschweig A, Mettier T, et al. The mixing triangle: correlation and graphical decision support for LCA-based comparisons. Journal of Indian Ecology, 2000, 3 (4): 97-115.

[47] Giannetti B F, Barrella F A, Almeida C M V B. A combined tool for environmental scientists and decision makers: ternary diagrams and emergy accounting. Journal of Cleaner Production, 2006, 14 (2): 201-210.

[48] Almeida C M V B, Barrella F A, Giannetti B F. Emergetic ternary diagrams: five examples for application in environmental accounting for decision-making. Journal of Cleaner Production, 2007, 15 (1): 63-74.

[49] Giannetti B F, Almeida C M V B, Bonilla S H. Comparing emergy accounting with well-known sustainability metrics: the case of Southern Cone Common Market, Mercosur. Energy Policy, 2010, 38 (7): 3518-3526.

[50] Giannetti B F, Bonilla S H. Can emergy sustainability index be improved? Complementary insights for extending the vision. Ecological Modelling, 2012, 244: 158-161.

[51] Chen S Q, Chen B. Sustainability and future alternatives of biogas-linked agrosystem (BLAS)

in China: an emergy synthesis. Renewable and Sustainable Energy Reviews, 2012, 16 (6): 3948-3959.

[52] Angelis-Dimakis A, Arampatzis G, Assimacopoulos D. Monitoring the sustainability of the Greek energy system. Energy for Sustainable Development, 2012, 16 (1): 51-56.

[53] 高乐华, 高强. 海洋生态经济系统界定与构成研究. 生态经济, 2012, (2): 62-66.

[54] 国家海洋局. 海洋可再生能源发展"十三五"规划. 2016.

[55] 马传栋. 可持续发展经济学. 济南: 山东人民出版社, 2002.

[56] 张朝晖, 吕吉斌, 丁德文. 海洋生态系统服务的分类与计量. 海岸工程, 2007, 26(1): 57-63.

[57] 王其翔. 黄海海洋生态系统服务评估. 青岛: 中国海洋大学, 2009.

[58] 高乐华. 我国海洋生态经济系统协调发展测度与优化机制研究. 青岛: 中国海洋大学, 2012.

[59] 陈可文. 中国海洋经济学. 北京: 海洋出版社, 2003.

[60] 周永娟, 王效科, 欧阳志云. 生态系统脆弱性研究. 生态经济, 2009, (11): 165-167.

[61] 彭欣, 仇建标, 陈少波, 等. 乐清湾生态系统脆弱性研究. 海洋学研究, 2009, 27(3): 111-118.

[62] 国家海洋局. 2016 年中国海洋环境状况公报. http://www.nmdis.org.cn/hygb/ zghyjzlgb/2016nzghyhjzkgb/.

[63] 农业部渔业渔政管理局. 中国渔业统计年鉴(2016). 北京: 中国农业出版社, 2016.

[64] 山东省海洋与渔业厅. 2016 年山东省海洋环境状况公报. http://www.sdhyhj.org.cn/omdp/WebPage/web/main2/detail.html?fileType=5.

[65] 孙才志, 张坤领, 邹玮, 等. 中国沿海地区人海关系地域系统评价及协同演化研究. 地理研究, 2015, 34 (10): 1824-1838.

[66] 钟茂初. 可持续发展经济学. 北京: 经济科学出版社, 2006: 49.

[67] Ulgiati S, Odum H T, Bastianoni S. Emergy use, environmental loading and sustainability: an emergy analysis of Italy. Ecological Modelling, 1994, 73 (3/4): 215-268.

[68] Odum H T. Self-organization, transformity and information. Science, 1988, 242: 1132-1139.

[69] 宋改凤, 刘艳中, 朱晓南, 等. 基于能值分析的武汉市生态效率动态变化研究. 生态经济, 2019, 35 (7): 103-109.

[70] 蓝盛芳, 钦佩, 陆宏芳. 生态经济系统能值分析. 北京: 化学工业出版社, 2002.

[71] 喻锋, 李晓波, 王宏, 等. 基于能值分析和生态用地分类的中国生态系统生产总值核算研究. 生态学报, 2016, 36 (6): 1663-1675.

[72] 陈树江, 田凤仁, 李国华, 等. 相图分析及应用. 北京: 冶金工业出版社, 2007: 4.

[73] 潘勇军, 王兵, 牛香. 让自然资本成为主流, 用生态 GDP 核算美丽中国. 温带林业研究, 2018 (3): 10-18.

[74] 欧阳志云, 朱春全, 杨广斌, 等. 生态系统生产总值核算: 概念、核算方法与案例研究. 生态学报, 2013, 33 (21): 6747-6761.

[75] 韩增林, 胡伟, 钟敬秋, 等. 基于能值分析的中国海洋生态经济可持续发展评价. 生态学报, 2017, 37 (8): 2563-2574.

[76] 王栋. 基于能值分析的区域海洋环境经济系统可持续发展评价研究——以环渤海区域为例. 青岛: 中国海洋大学, 2009.

[77] 狄乾斌, 张海红, 曹可. 基于能值的山东省海洋生态足迹研究. 海洋通报, 2015, 34 (1): 1-6.

[78] 陆雅凤, 赵晟, 徐梅英, 等. 能值分析在贻贝养殖生态系统的应用. 浙江海洋学院学报(自然科学版), 2014, 33 (5): 458-462, 466.

[79] 国家海洋局. 中国海洋统计年鉴 (2007-2016). 北京: 海洋出版社.

[80] 中国标准化委员会. 综合能耗计算通则 (GB/T 2589-2008). 北京: 中国质检出版社, 2014.

[81] 徐皓, 张祝利, 张建华, 等. 我国渔业节能减排研究与发展建议. 水产学报, 2011, 35 (3): 472-480.

[82] Vassallo P, Bastianoni S, Beiso I, et al. Emergy analysis for the environmental sustainability of an inshore fish farming system. Ecological Indicators, 2007, 7 (2): 290-298.

[83] 中国农业部渔业局. 中国渔业统计年鉴-2015. 北京: 中国农业出版社, 2016.

[84] 丁燕飞. 山东省海洋渔业资源可持续利用研究. 济南: 山东师范大学, 2014.

[85] 傅秀梅, 宋婷婷, 戴桂林, 等. 山东海洋渔业资源问题分析及其可持续发展策略. 海洋湖沼通报, 2007, (2): 164-170.

[86] 徐皓, 张祝利, 赵平. 我国渔船耗能调查与分析. 中国水产, 2009, (9): 5-7.

[87] 徐皓, 刘晃, 张建华, 等. 我国渔业能源消耗测算. 中国水产, 2007, (11): 74-76, 78.

[88] 中国农业部渔业局. 中国渔业统计年鉴-2012. 北京: 中国农业出版社, 2012: 135.

[89] 吴文燕. 基于适应性管理的个别可转让配额制度研究. 青岛: 中国海洋大学, 2012.

[90] Holling C S. Adaptive Environmental Assessment and Management. New York: John Wiley and Sons, 1978.

[91] 李福林, 杜贞栋, 史同广, 等. 黄河三角洲水资源适应性管理技术. 北京: 中国水利水电出版社, 2015: 83.

[92] Lee K N. Appraising adaptive management. Conservation Ecology, 1999, 3 (2): 3.

[93] Lessard G. An adaptive approach to planning and decision-making. Landscape and Urban Planning, 1998, 40 (1): 81-87.

[94] Vogt K A, Gordon G C, Wargo J P, et al. Ecosystems: Balancing Science with Management. New York: Spliner, 1997: 377-379.

[95] Loucks D P, Gladwel J S. 水资源系统的可持续性标准. 王建龙译. 北京: 清华大学出版社, 2003.

[96] 郑景明, 罗菊春, 曾德慧. 森林生态系统管理的研究进展. 北京林业大学学报, 2002, 24 (3): 103-109.

[97] 杨荣金, 傅伯杰, 刘国华, 等. 生态系统可持续管理的原理和方法. 生态学杂志, 2004, 23 (3): 103-108.

[98] 佟金萍, 王慧敏. 流域水资源适应性管理研究. 软科学, 2006, 20 (2): 59-61.

[99] Williams B K. Passive and active adaptive management: approaches and an example. Journal of Environmental Management, 2011, 92 (5): 1371-1378.

[100] Gunderson L, Holling C, Light S. Barriers and Bridges to the Renewal of Ecosystems and Institutions. New York: Columbia University Press, 1995.

[101] Pahl-Wostl C, Sendzimir J, Jeffrey P, et al. Managing change toward adaptive water

management through social learning. Ecology and Society, 2007, 12 (2): 1-18.

[102] Norton B G. Sustainability: A Philosophy of Adaptive Ecosystem Management. Chicago: University of Chicago Press, 2005: 93-95.

[103] Berkes F. Evolution of comanagement: role of knowledge generation, bridging organizations and social learning. Journal of Environmental Management, 2009, 90: 1692-1702.

[104] National Research Council. Adaptive Management for Water Resources Project Planning. Washington D. C.: National Academies Press, 2004.

[105]世界银行.中国：空气、土地和水——新千年的环境优先领域.北京：中国环境科学出版社，2001.

[106] Pahl-Wostl C, Hare M. Processes of social learning in integrated resources management. Journal of Community & Applied Social Psychology, 2004, 14 (3): 193-206.

[107] Williams B K. Adaptive management of natural resources—framework and issues. Journal of Environmental Management, 2011, 92: 1346-1353.

[108]沈满洪.海洋生态经济学.北京：中国环境出版社，2017：345.

[109]金帅，盛昭瀚，刘小峰.流域系统复杂性与适应性管理.中国人口·资源与环境，2010，20（7）：60-67.

[110]龚虹波.海洋环境治理研究综述.浙江社会科学，2018，（1）：102-111.

[111]帅学明，朱坚真.海洋综合管理概论.北京：经济科学出版社，2009.

[112]李远方.康菲溢油事故索赔四年后迎来新转机.中国商报，2015-08-07（04）.

[113]周申蓓，张阳，汪群.我国跨界水资源管理协商主体研究.江海学刊，2007，（4）：75-80.

[114]郭守前.海洋渔业中的不确定性、风险及其效应.湛江海洋大学学报，2003，23（2）：1-5.

[115]张静.基于PSR框架的临海工业类企业环境绩效审计评价指标体系构建研究.青岛：中国海洋大学，2013.

[116] OECD. OECD Core Set of Indicators for Environmental Performance Reviews: a synthesis report by the Group on the State of the Environment. http://enrin.grida.no/htmls/armenia/soe2000/eng/oecdind.pdf [2017-08-02].

[117]闫正龙，高凡，黄强.基于PSR模型和粗糙集的平原地区河流系统健康评价指标体系研究.西北农林科技大学学报（自然科学版），2013，41（12）：200-208，219.

[118]国家海洋局.关于建立渤海海洋生态红线制度的若干意见. http://www.gov.cn/gzdt/2012-10/17/content_2245965.htm[2017-08-02].

[119]岳良文.绿色增长视角下中国全要素资源效率评价研究.大连：大连理工大学，2015.

[120]张明斗.经济发展中的城市化效率及政策选择研究.大连：东北财经大学，2014.

[121]陈东景，李培英，杜军，等.基于生态足迹和人文发展指数的可持续发展评价——以我国海洋渔业资源利用为例.中国软科学，2006，（5）：96-103.

[122]王明涛.多指标综合评价中权数确定的离差、均方差决策方法.中国软科学，1999，（8）：100-101，107.

[123]陈康宁，董增川，崔志清.基于分形理论的区域水资源系统脆弱性评价.水资源保护，2008，24（3）：24-26，34.

[124] Van Wilgen B W, Biggs H C. A critical assessment of adaptive ecosystem management in a

large savanna protected area in South Africa. Biological Conservation, 2011, 144(4): 1179-1187.

[125] Berkes F. Evolution of co-management: Role of knowledge generation, bridging organizations and social learning. Journal of Environmental Management, 2009, 90(5): 1692-1702.

[126] Kallis G, Kiparsky M, Norgaard R. Collaborative governance and adaptive management: lessons from California's CALFED Water Program. Environmental Science & Policy, 2009, 12(6): 631-643.

[127] 徐广才, 康慕谊, 史亚军. 自然资源适应性管理研究综述. 自然资源学报, 2013, 28(10): 1797-1807.

[128] 李传轩. 从妥协到融合：对可持续发展原则的批判与发展. 清华大学学报（哲学社会科学版）, 2017, 32(5): 151-163.

[129] 廉维亮. 民主党派中央聚焦海洋强国建设：向海图强. 人民政协报, 2018-05-21.

[130] 梁亮. 海洋环境协同治理的路径构建. 人民论坛, 2017, (17): 76-77.

后 记

进入 21 世纪以来,举国上下对海洋的关注度越来越高。2013 年 8 月,国家最高领导人高瞻远瞩地提出"认识海洋、关心海洋、经略海洋",这更加激发了我们大力发展海洋经济,科学保护海洋生态环境,实现海洋经济高质量发展的强大动力。学界从生态经济学的视角对海洋经济可持续发展的研究也在不断往广、深、高等多维度发展。作者与团队成员坚持在海洋生态经济学理论指导下不断探索新领域、尝试新方法,以求为实现海洋经济可持续发展提供绵薄之力。

本书是作者主持的国家社会科学基金项目"基于三元相图方法的海洋生态经济系统可持续发展评价与适应性管理研究"(批准号:14BGL005)的最终研究成果,也是作者在海洋生态经济学与可持续发展评价领域继《海洋绿色 GDP 核算与可持续发展评价研究》(中国商务出版社,2008 年)、《海洋生态经济模型构建与应用研究》(人民出版社,2015)之后的部分学习和研究成果。

本书能够顺利付梓,得到了国家社会科学基金项目"基于三元相图方法的海洋生态经济系统可持续发展评价与适应性管理研究"(批准号:14BGL005)的资助。在本书的出版过程中,科学出版社的魏如萍主任及其团队付出了许多辛勤劳动。在此,作者向所有提供帮助的单位和个人表示衷心感谢!同时作者也对本书中引用文献的原作者表示感谢!

由于海洋生态经济学的理论不断丰富、研究方法持续创新以及研究领域不断拓展,再加上作者水平有限,书中难免有疏漏或不足之处,敬请各位同行和读者批评指正!

陈东景

2019 年 10 月 10 日